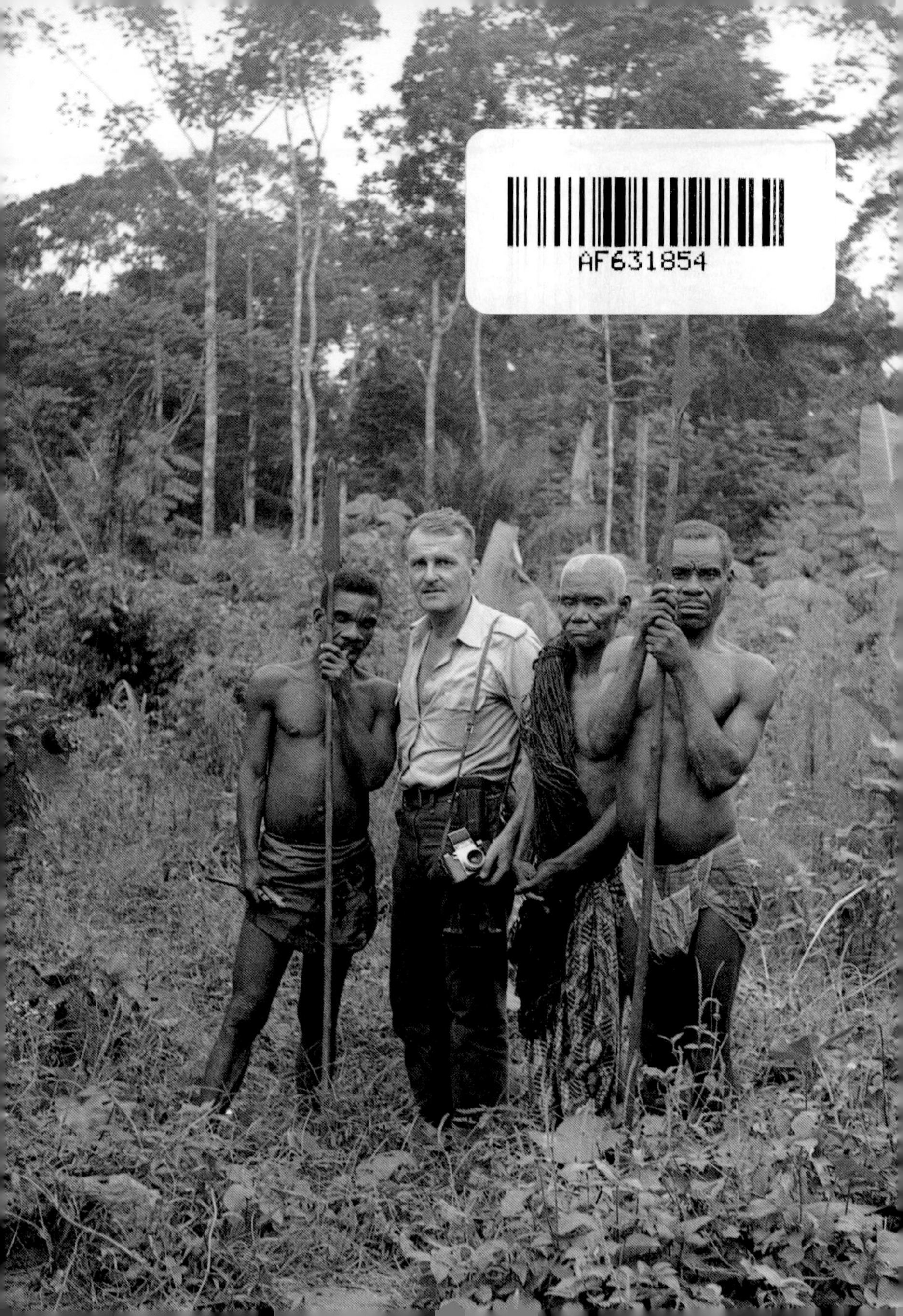

Biblioteca PHotoBolsillo

Hellmuth Straka

PHotoBolsillo LA FABRICA EL ARCHIVO

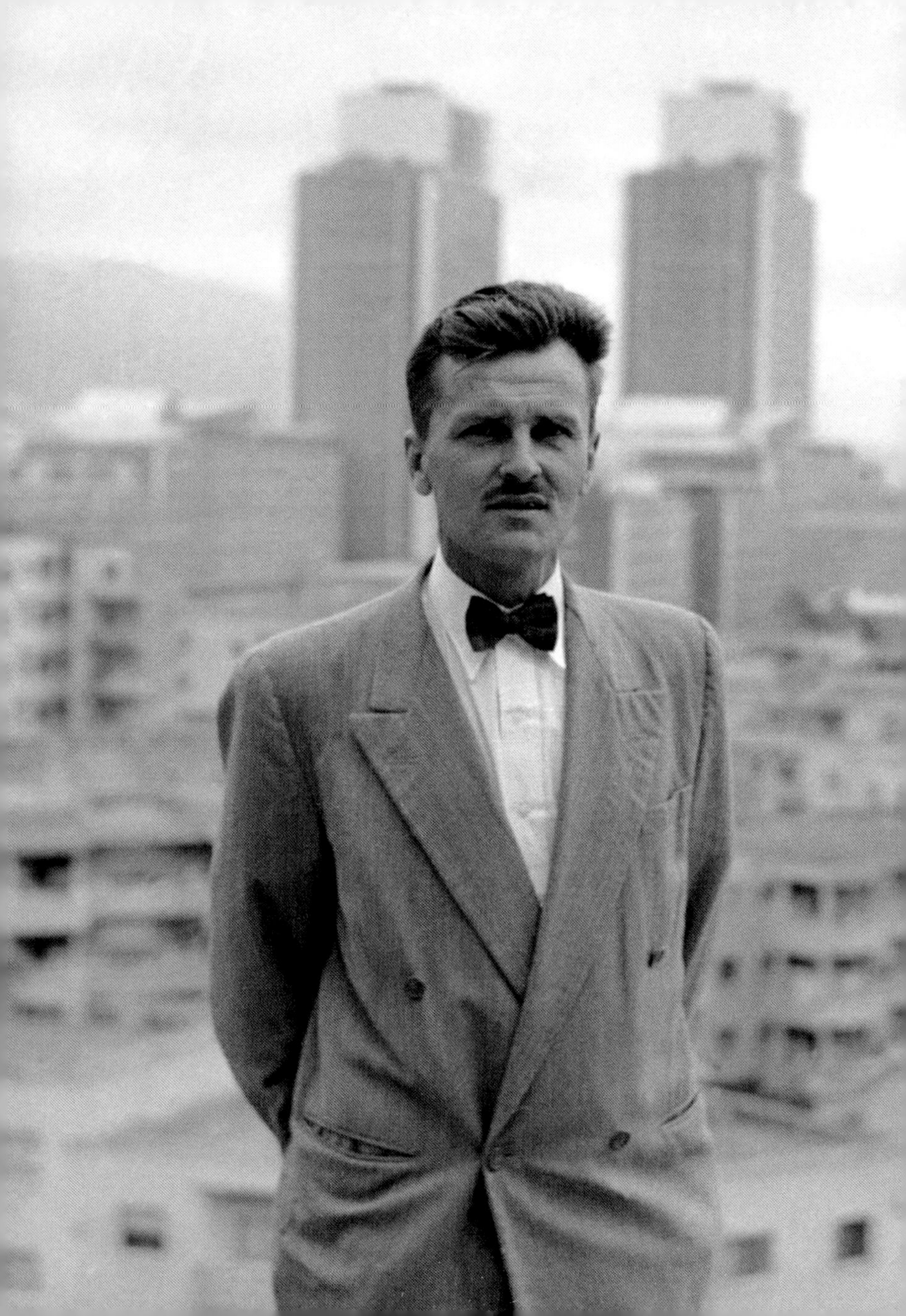

Hellmuth Straka
El álbum de la vida
Por Horacio Fernández

Hellmuth Straka. Caracas, 1954

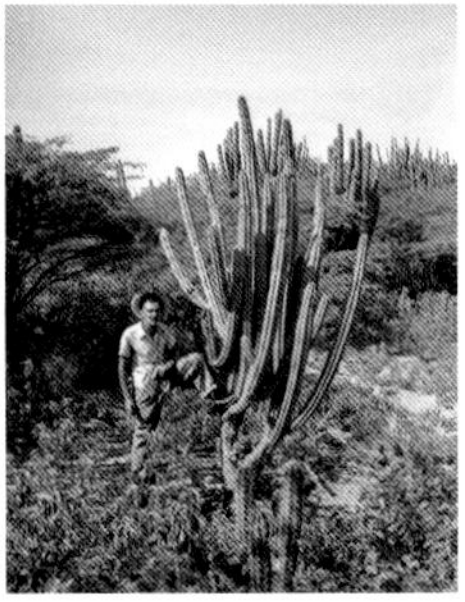

Desierto de cáctus. Península de la Guajira, estado Zulia, 1955

Hellmuth Straka (Checoslovaquia, 1922-Venezuela, 1987), llega a Caracas en 1952. Casi la mitad de los treinta años que tiene han sido atroces. Al igual que el resto de su generación, los nacidos en torno a 1920, no ha podido escapar totalmente de la guerra. Por si fuera poco, ha perdido su nacionalidad en las limpiezas étnicas de la posguerra. Pero también es afortunado, ha sobrevivido. A pesar de llevar el uniforme de los perdedores.

A partir de 1945, Straka malvive en una Centroeuropa en ruinas, dividida por fronteras cada día más férreas. Tiene ocupaciones precarias y variadas: fotógrafo, enfermero, intérprete, policía, domador circense, emigrante sin papeles. Al final consigue salir de Europa y llega a Venezuela, aunque no puede ser asesor militar, como era su intención. Su infortunio se acaba cuando encuentra trabajo fijo, gracias a su facilidad para las lenguas. Una vez estable, enseguida comienza a viajar desde Maracaibo, la ciudad donde reside, a las montañas de la frontera colombiana, el lugar que habitan las comunidades yukpa y wayuu.

Estas excursiones se vuelven poco a poco lo principal de su vida. Durante ellas toma notas en cuadernos de campo, más tarde aprovechados para escribir el relato de sus experiencias y aventuras. En 1980 lo publica con el título *Ocho años entre yukpas y japrerías*. «Su intención es despertar, por lo menos en algunas mentes, un poco de comprensión para nuestros hermanos indios», escribe Hellmuth Straka. «El indio no quiere mucho, solo que se le deje vivir en paz en el último pedacito de tierra que les queda todavía, después de 500 años de ultraje», concluye.

Todo lo que Hellmuth Straka sabe lo ha aprendido de las personas que encuentra, a las que sorprende con sus habilidades de poliglota. Desde el principio se gana el respeto a través de las preguntas. También silbando, un arte que domina. Dado que todo es nuevo para él, pregunta constantemente, como «un confesor oficioso». Tanta curiosidad genera desconfianza, que sortea explicando que es «español mansito y no blanco maluco».

Registra todo con sus cámaras y con papel y lápiz para que no se le escape nada, tanto si lo entiende como si no. Comprender lleva tiempo. «Sé ahora —escribe en su libro— que los rasguños que a veces se ven a un metro de altura en la corteza de los árboles los hizo el tigre para afilar sus garras. Sé que la pintura blanca en la cara de las muchachas significa que hace poco tenían su fiesta de iniciación». La curiosidad es importante, pero no suficiente. Las fotos que hace y las notas que redacta son la base de un nuevo trabajo, la creación de unos álbumes que llena de fotografías, dibujos y notas manuscritas. Al final hace muchos, los veintisiete álbumes que han permanecido en propiedad de sus descendientes hasta ser encontrados y estudiados por un investigador tenaz, el fotógrafo Vasco Szinetar, quien ha conseguido que estos, en compañía de negativos, diarios de viaje, cuadernos, correspondencia y otros documentos, formen parte desde 2015 del acervo del Archivo Fotografía Urbana. Cientos de páginas y miles de fotografías de las que este libro presenta una pequeña muestra, apenas un aperitivo de lo que se puede hacer.

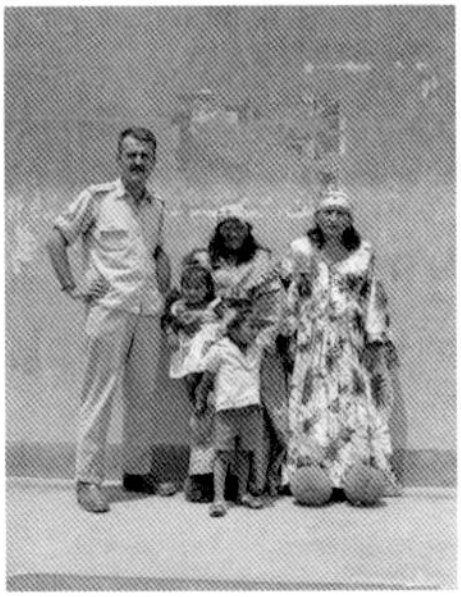

Alicia y Rina Montiel. Hellmuth Straka con mujeres y niños wayuu. Paraguaipoa, estado Zulia, 1961

Los álbumes de Hellmuth Straka se acercan a formas de creación no académicas, como la pintura *naif* o el *art brut*. En una doble página hay un mapa en una hoja y un escudo en otra, dibujados con lápices de color. Sobre el mapa, que señala lugares y etnias, aparecen recortes silueteados de fotos en blanco y negro: torres petroleras, cerveza, sombrero, obelisco, guajiro y choza, además de una mujer morena y el propio Straka montados a caballo. En la otra página, alrededor del escudo hay recortes de fotos de pescadores y guajiros, un fotógrafo, un policía, la mujer morena de antes y un paisaje con cactus y más torres petroleras.

El resultado es un *collage* que trata de sintetizar ideas generales con dibujos y fotografías, algunas informativas y otras personales. Los dibujos carecen de pretensiones, pueden considerarse escolares. La mezcolanza de las fotos tampoco es muy profesional. Pero estos posibles defectos se vuelven virtudes en cuanto se valora lo que el conjunto dice sobre el autor y su versión particular de un territorio. El orden no es convencional, solo él podría explicarlo. Aunque las torres petroleras, la imagen más característica del estado Zulia, la provincia de Maracaibo, están presentes, lo demás es el espacio afectivo y singular de una persona, las gentes y paisajes preferidos del autor.

Hellmuth Straka aparece muchas veces en las fotos de los álbumes. Es un hombre de complexión fuerte, pelo claro y bigote recortado, que suele llevar camisas militares, pero también gusta de las estampadas. Parece simpático, a menudo se retrata con gente, sobre todo con mujeres, que salen en muchas fotos. Milagros Socorro ha señalado la belleza de algunas fotos de mujeres wayuu que pintan sus rostros vestidas de la cabeza a los pies con grandes trajes llamados mantas.

En los álbumes hay páginas donde Hellmuth Straka presenta docenas de señoras, casi siempre de cuerpo entero, recortadas de fotos más generales. Un ejemplo es un desfile

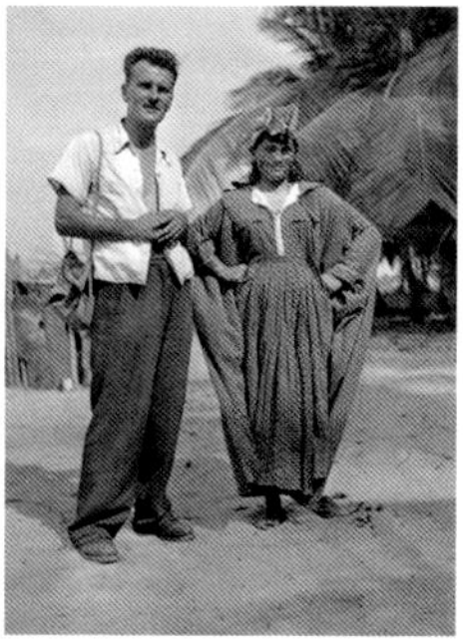

Tirela. Hellmuth Straka con Nerita, mujer wayuu. Península de la Guajira, estado Zulia. 1956

festivo, con música de tambores y trompetas, fotografiado en Trinidad. La mirada pasa por la doble página como por un *zoom*, de lo general a lo particular, un mosaico de recortes femeninos, colmado en los márgenes hasta el desbordamiento. Un ejercicio analítico, puro *horror vacui*, repetido otras veces, como en las páginas dedicadas a la fiesta del Primero de Mayo, donde también se pasa de las fotos generales a una explosión de primeros planos. El autor utiliza sus imágenes para individualizar la masa. Al identificar, uno a uno, los árboles del bosque, humaniza a la multitud.

Los álbumes de Hellmuth Straka tienen valor por sí mismos. No solo por las fotos, también por el orden. O por el desorden, si se quiere. Es posible que las interpretaciones más interesantes sean las que, además de las fotos, examinen los montajes desordenados, el *horror vacui*, la caligrafía colegial, los escudos y demás símbolos, los datos sacados de enciclopedias y folletos de turismo, los temas reiterados.

Están compuestos de fotos, pero van más allá de lo fotográfico. No son reportajes, sino más bien cuadernos de campo. De todas formas, como todas las fotos son documentos de un tiempo y un lugar, es posible hacer una lectura política o social. Más aún cuando se sabe que Hellmuth Straka publicaba entonces artículos en prensa para denunciar abusos de hacendados y empresas mineras, reiterados en su libro de 1980. En una foto de 1955, el fotógrafo está junto a una señora que viste un traje manta. Parece hablar a la cámara, como si estuviera en el rodaje de un documental. «Una mujer cuesta 400 bolívares», informa el pie de foto. Debe ser un comentario social, al igual que otra página que presenta dos planas de periódico, una antigua y otra reciente. La nota manuscrita al pie dice: «Ayer esclavos prófugos, hoy indios desamparados».

Antes he escrito que los álbumes de Hellmuth Straka van más allá de lo fotográfico, un territorio bastante más ancho de lo que parece. La fotografía tiene muchos trajes. Los mejor cortados se presentan tan protegidos e iluminados como las gemas de las joyerías. Las fotos de los museos y las galerías exclusivas se cuelgan en la pared como si fueran cuadros caros. La sastrería fina tiene un precio. Otra manera, más discreta, de vestir la fotografía es la revista, el libro y, en particular, el fotolibro. En las publicaciones, las fotos dejan de ser objetos autónomos, se convierten en partes de un todo que puede ser, entre otras variantes, conjuntos ordenados formalmente, complemento de versos o narraciones parecidas a películas, con texto, como en las fotonovelas, o sin él.

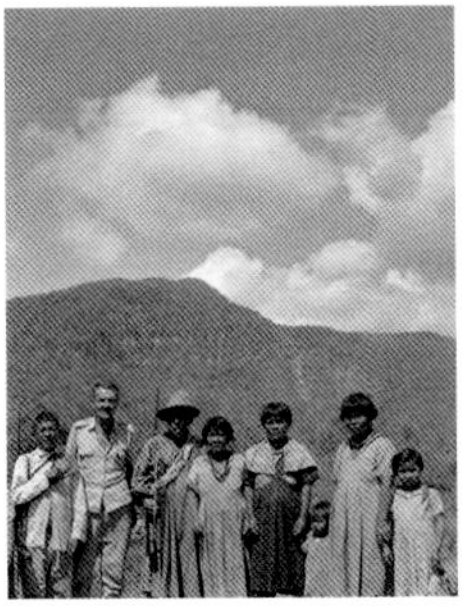

Juan Vicente Gómez. Hellmuth Straka con indígenas yukpas. Península de la Guajira, estado Zulia, 1961

Además de estas formas de presentar, publicar, exponer o mostrar fotos, hay un universo fotográfico bastante desordenado y, quizás por eso mismo, apenas estudiado: la llamada fotografía vernácula. Fotos enmarcadas, intervenidas o coloreadas, fotoesculturas o broches fotográficos, retratos familiares e instantáneas posadas, entre otros objetos fotográficos que se encuentran en aceras de rastros y covachuelas de chamarileros, cuando no directamente en la basura. Son fotos privadas, casi siempre anónimas, que se hacen públicas al fallecer sus propietarios. No las busquen en subastas ni historias de la fotografía, con la excepción de Geoffrey Batchen, quien ha dedicado libros y exposiciones al tema.

La fotografía vernácula carece de reglas y patrones obligatorios. A veces la foto no es más que la materia prima del autor, que lo mismo trabaja con sus propias imágenes que con otras encontradas al azar de mercadillos o publicaciones. El *collage* es una de sus formas, pero no la única manera en la que se intervienen las fotos propias o ajenas. Algunos trabajan con álbumes, un objeto tan viejo como los retratos fotográficos.

Las fotos, sobre todo los retratos, se han guardado cuidadosamente en álbumes desde los años sesenta del siglo XIX. En su *Pequeña historia de la fotografía*, Walter Benjamin recuerda con desdén su presencia en los recibidores encima de una consola o un taburete, así como el mal gusto de sus cubiertas de piel con cierres metálicos, abiertos en algunas ocasiones para torturar a las visitas. No le faltan razones. Los álbumes convencionales contienen retratos de personas inmóviles como muertos en escenografías aburridas y reiterativas, un telón pintado o una cortina recogida, una balaustrada o una columna de cartón piedra apoyada sobre una alfombra polvorienta.

Álbumes de este tipo los hay a montones, olvidados en los rincones más oscuros de las tiendas de antigüedades. Pero pocas, muy pocas veces se pueden encontrar álbumes de fotografías tan únicos, vivos y valiosos como los de Hellmuth Straka.

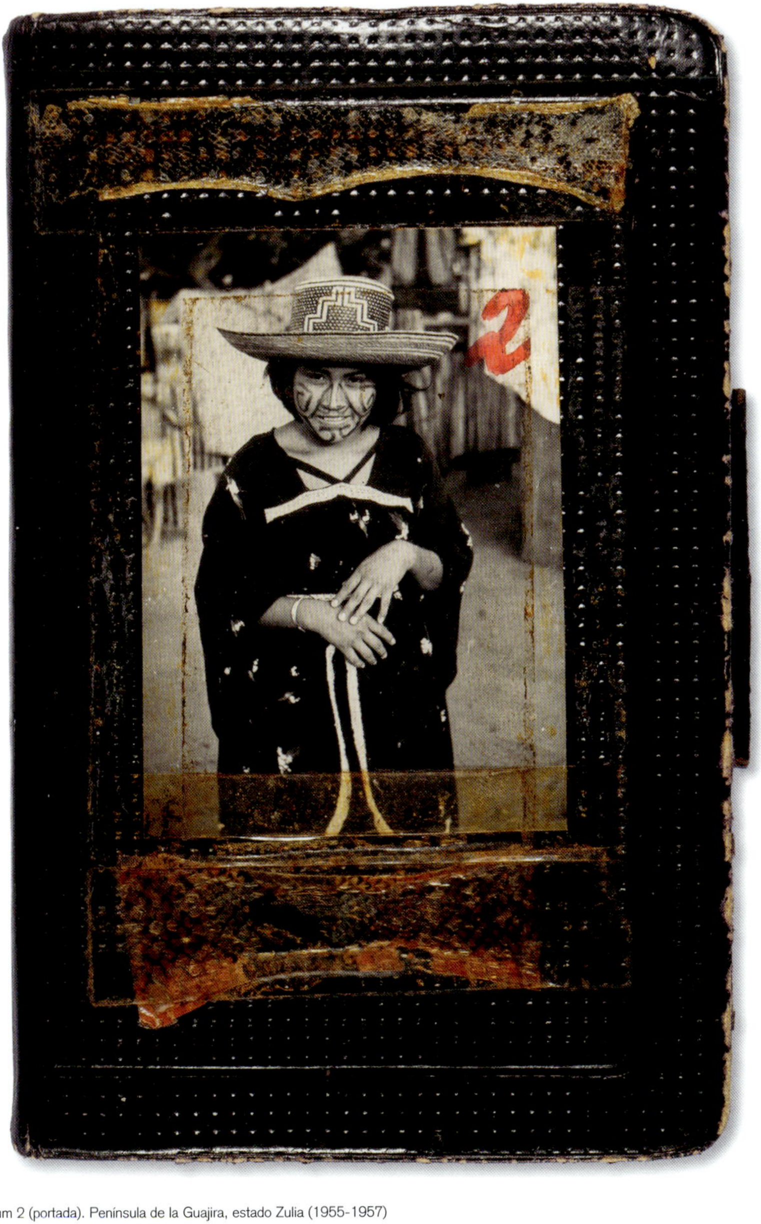

01. Álbum 2 (portada). Península de la Guajira, estado Zulia (1955-1957)
Carmen. Joven con maquillaje, 1956

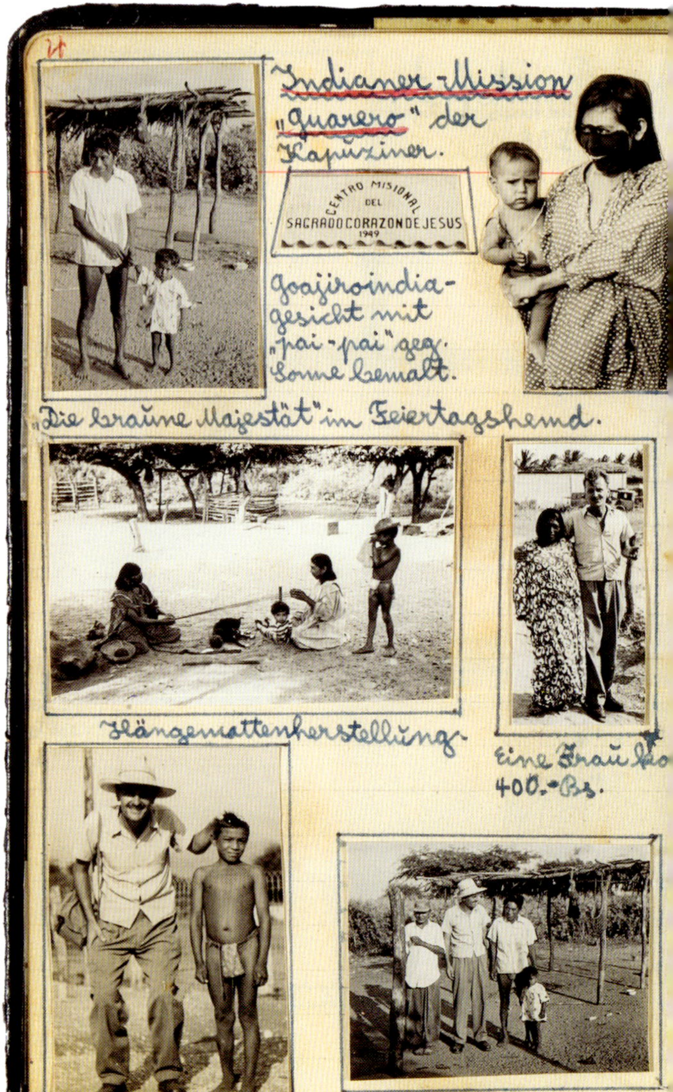

02. Álbum 2. Península de la Guajira, estado Zulia (1955-1957)

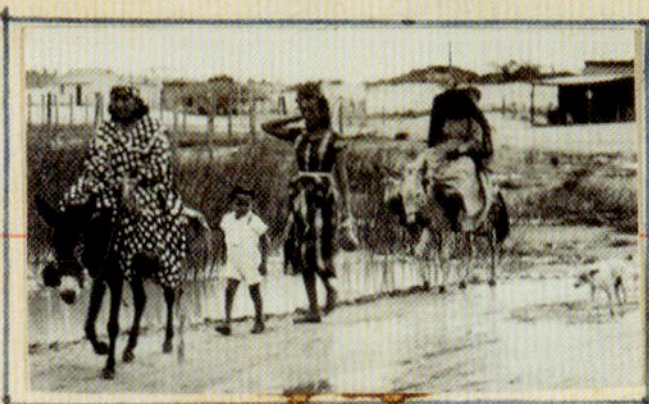

Frauen v. „Uriana"-Stamm.

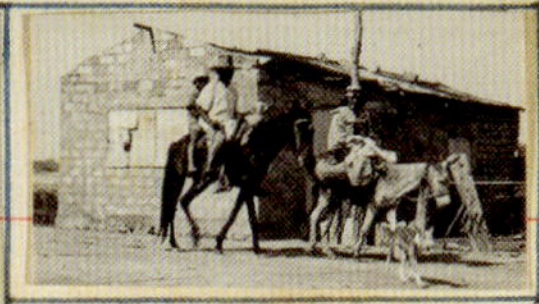

Reitervolk.

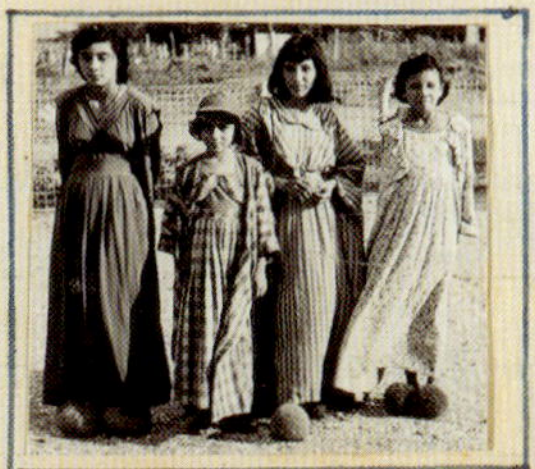

estizinen mit "manta" u. „motas"

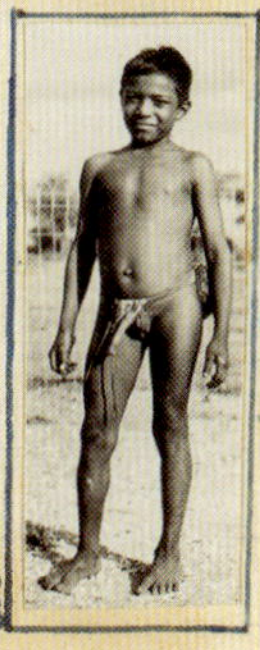

guayuco-Scham-schürz.

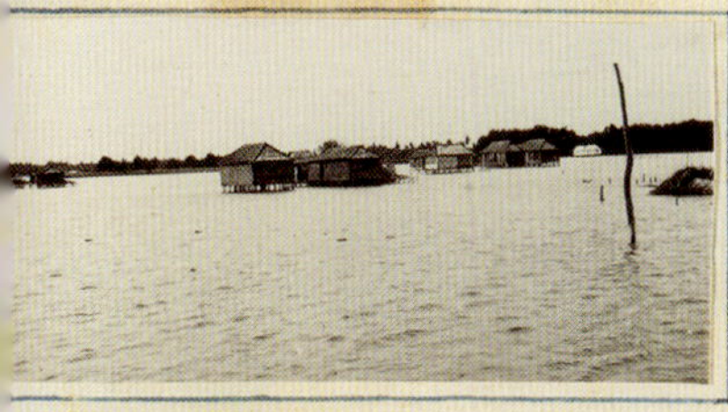

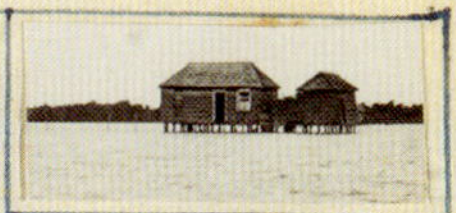

Sinamaica-Lagune

Pfahldorf "El Barro".

Paraujanoindianer.

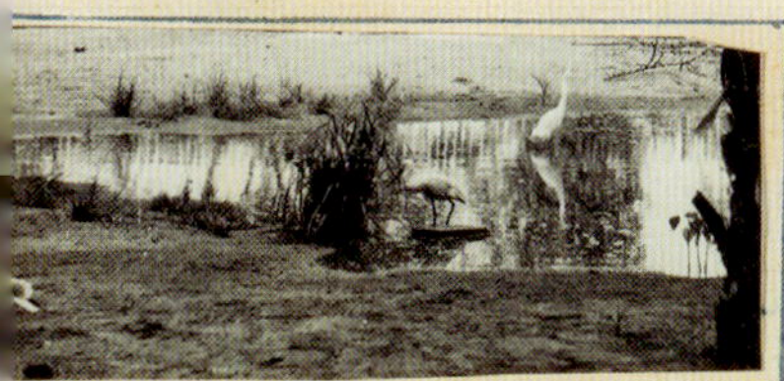

Wasservögel.

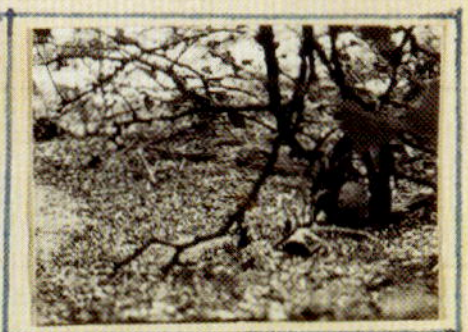

Mapanaregift=schlange i. gebüsch.

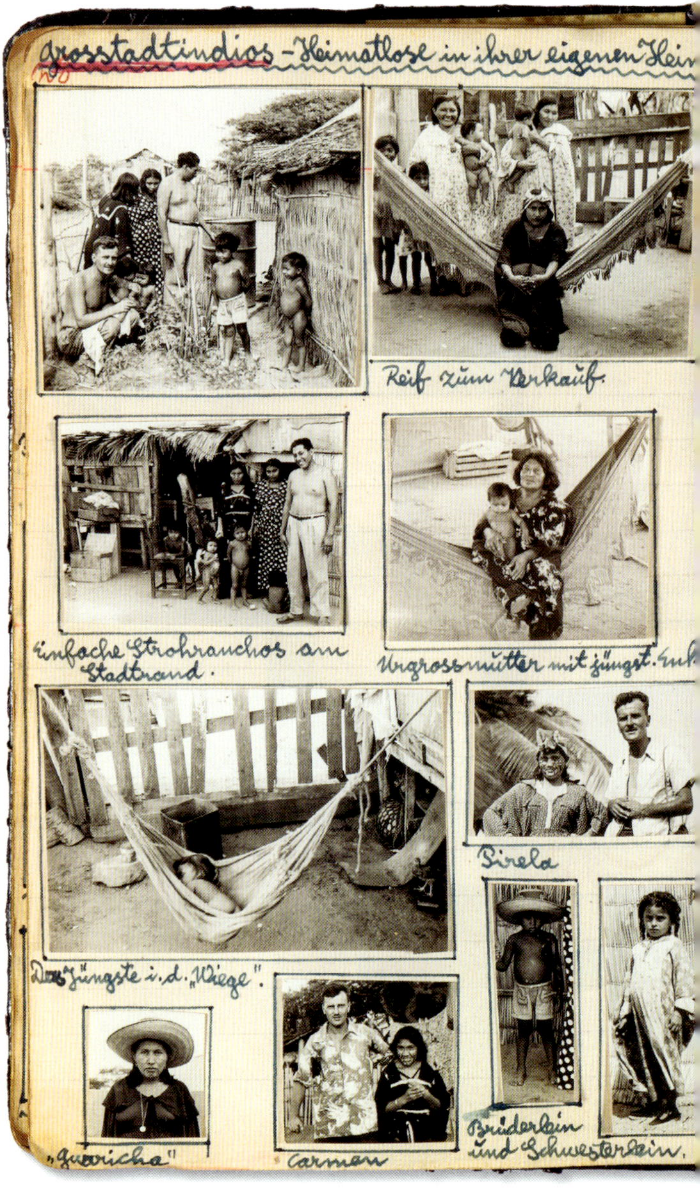

03. Álbum 2. Península de la Guajira, estado Zulia (1955-1957)

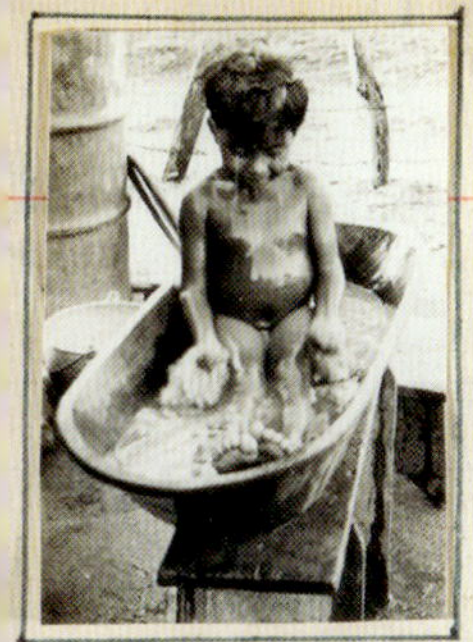

„Samstagbad."

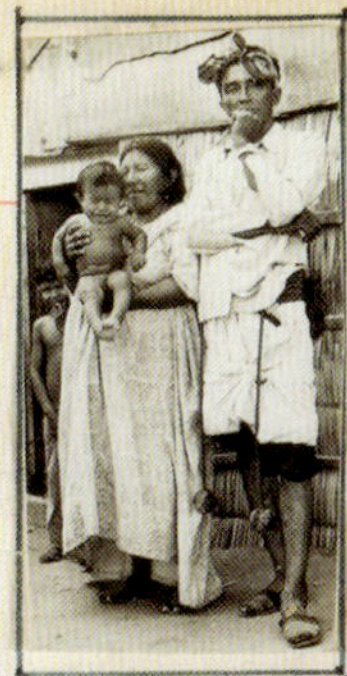

Hptlg. mit „guayuco".

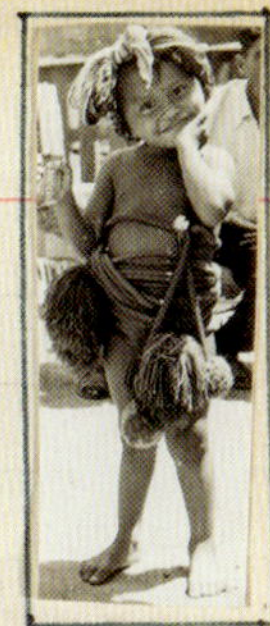

„Si-ira"gürtel.

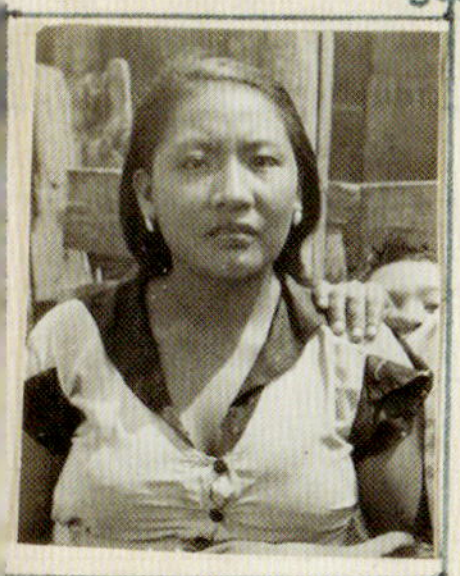

zivilisiert

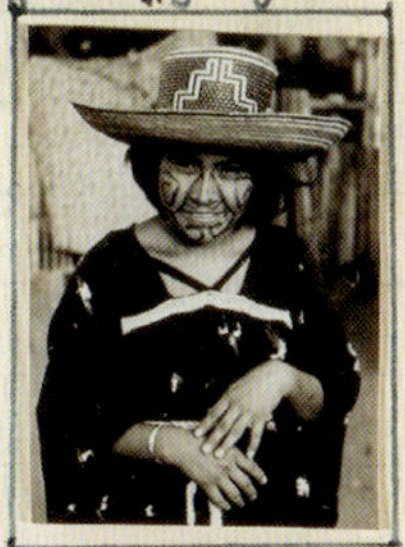

mit „parisa"bemahlg.

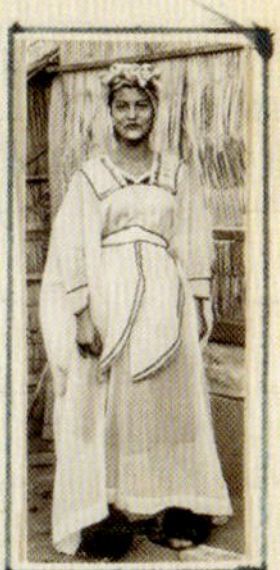

„manta" u. „mota"

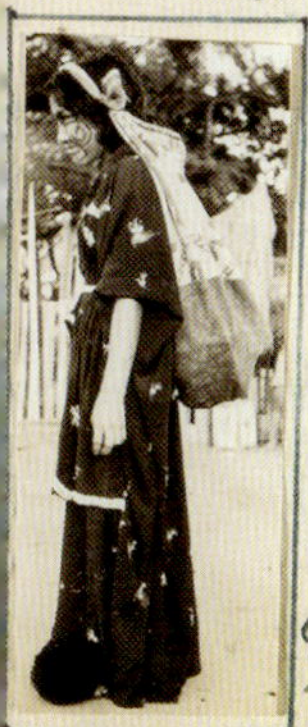

i-zu" Trag-
asche.

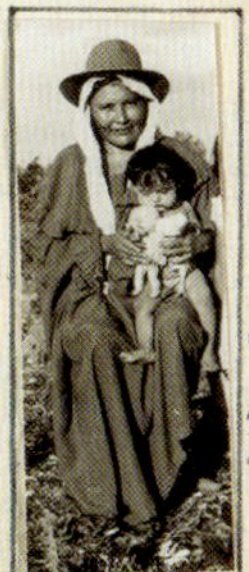

goajiromutter
mit ihrer „chon".

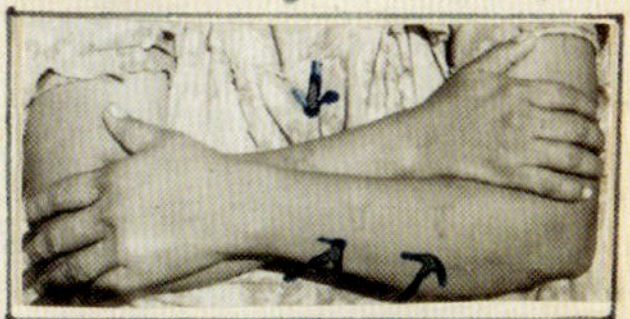

Stammes-, Glücks- u. Hlg. Zeichen haben Frauen an Unterarmen tätowiert.

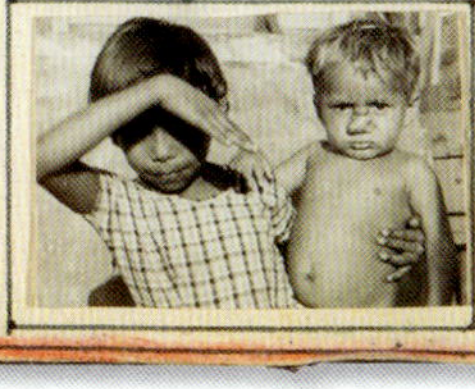

„3 Nasen"kind →

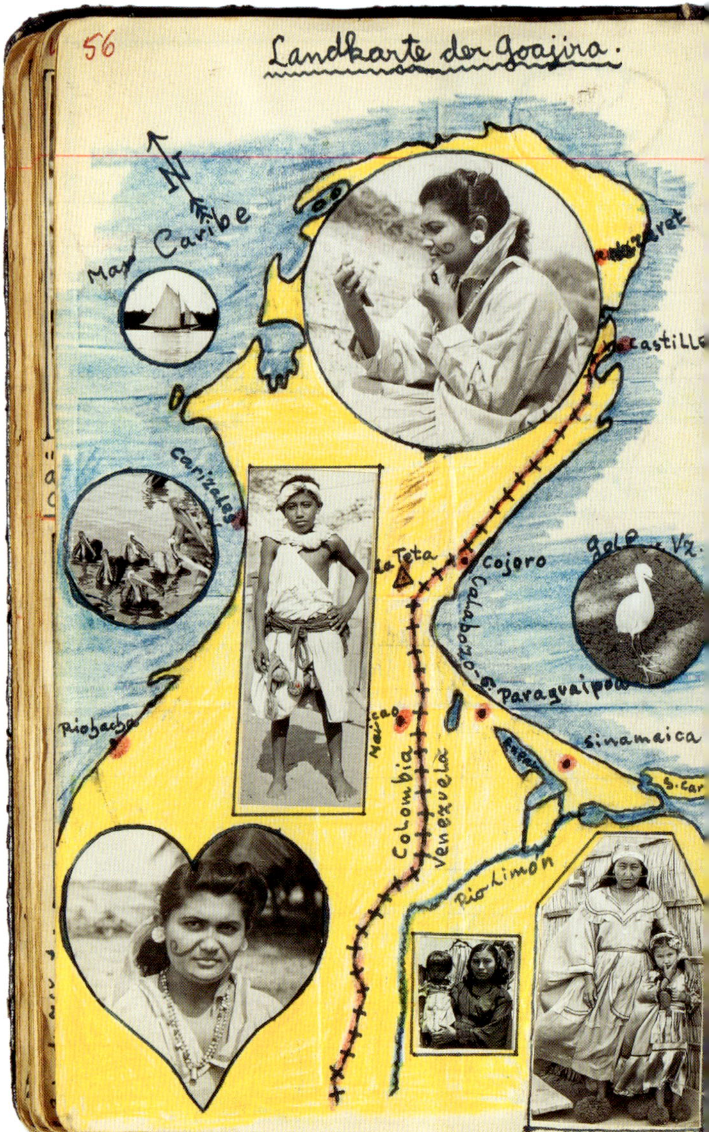

04. Álbum 2. Península de la Guajira, estado Zulia (1955-1957)

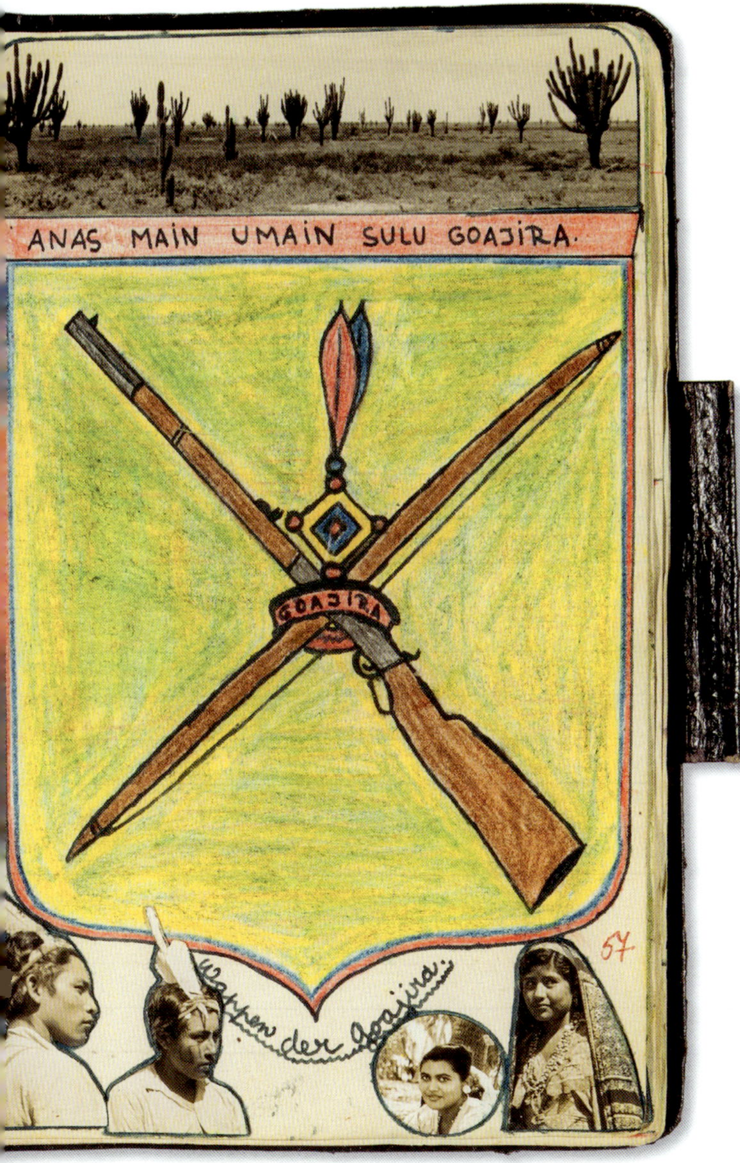
ANAS MAIN UMAIN SULU GOAJIRA.
GOAJIRA
Wappen der Goajira:
57

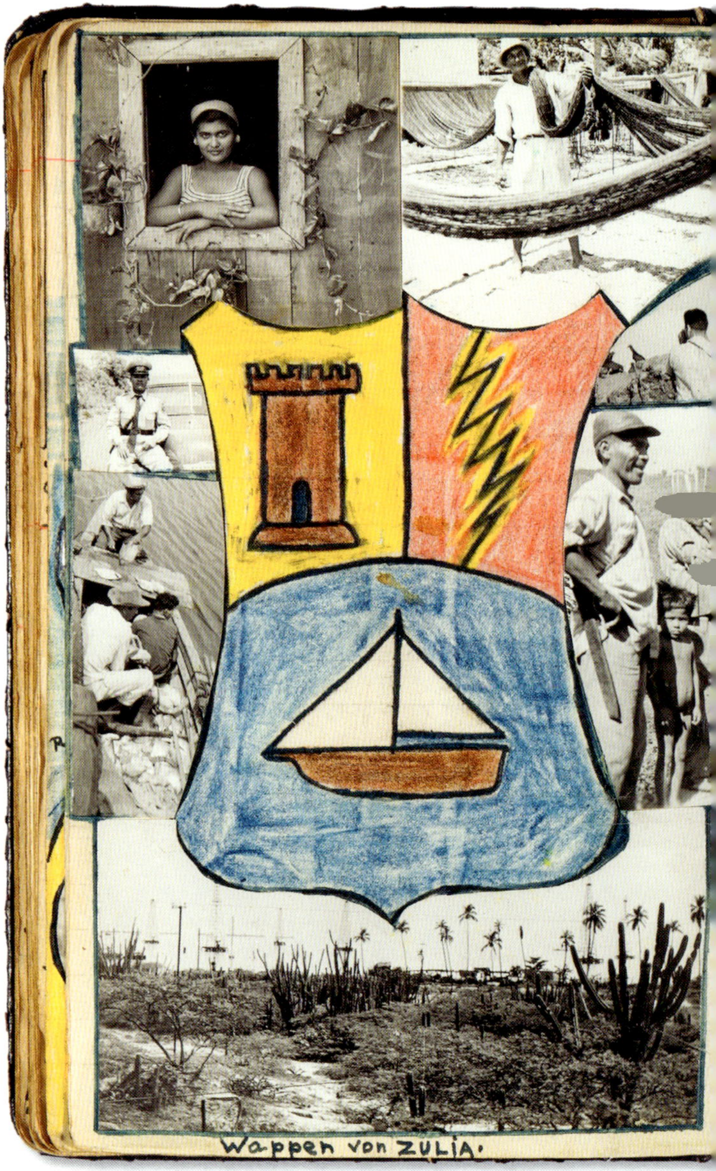

05. Álbum 2. Península de la Guajira, estado Zulia (1955-1957)

Landkarte von Zulia.

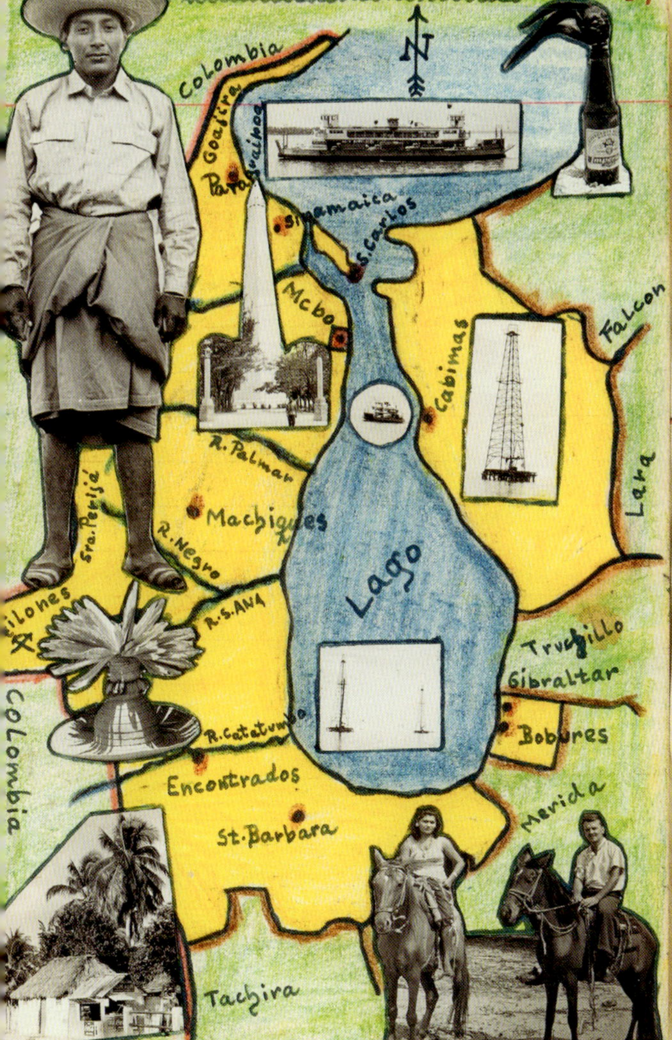

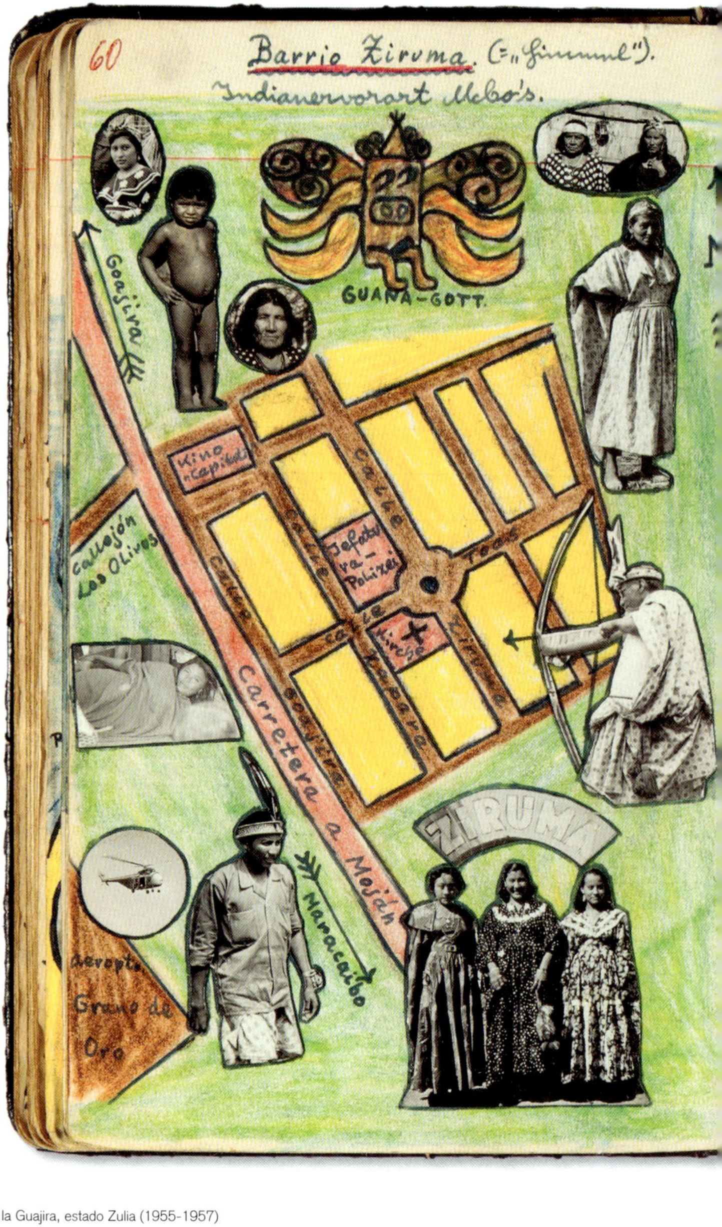

06. Álbum 2. Península de la Guajira, estado Zulia (1955-1957)

i. San Domingo nachgemacht

Indianerliebe.

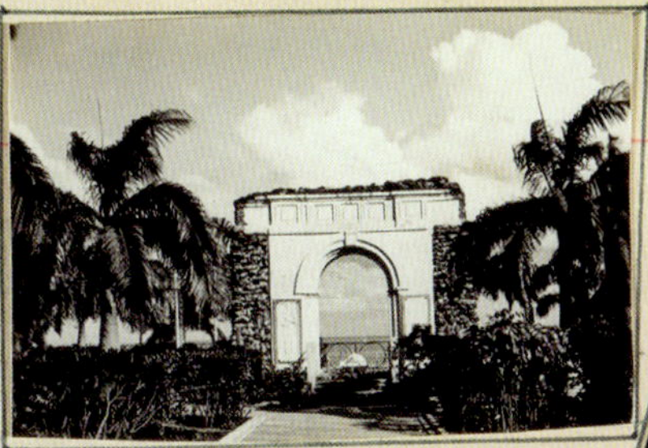

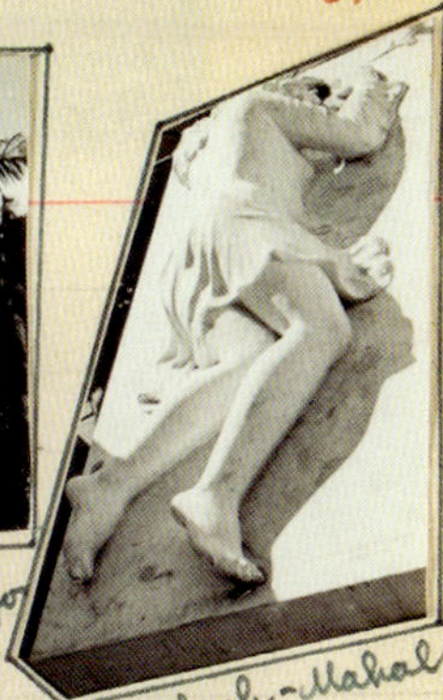

lonso de Ojeda entd. 24.8.1499 Lago
g. Princessin folgt ihm Sto. Domin:
o - als er dort stirbt verhungert
ie aus Liebe über seinem grab.

v. Tadsch-Mahal.

Wasser! - Agua! - Huin!

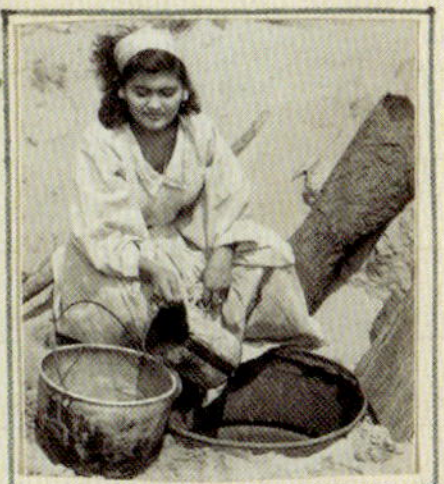

ut verschliessen.

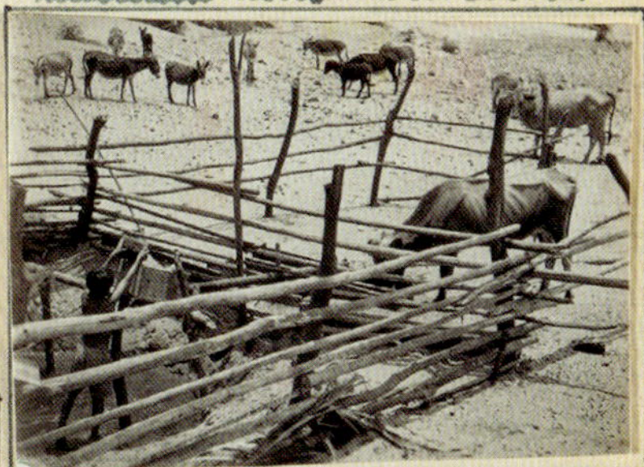

Durstiges Vieh u. leere cozimbas.

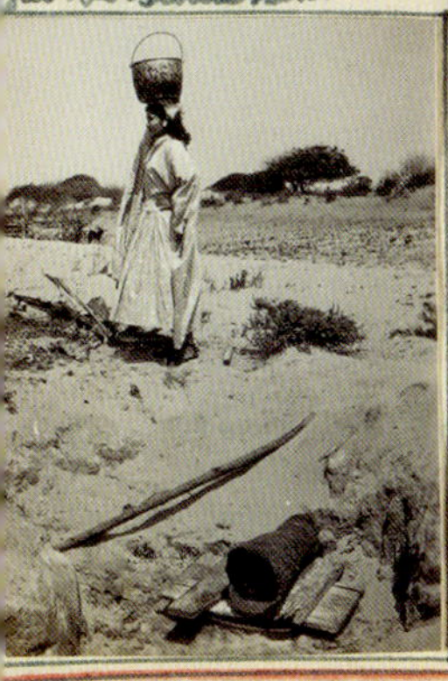

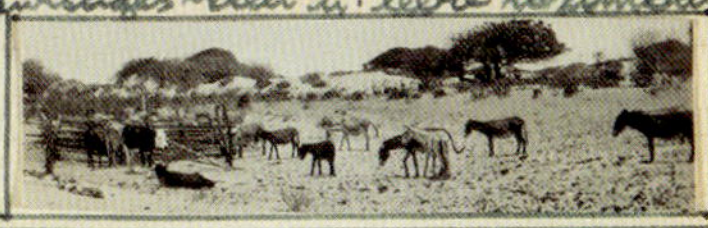

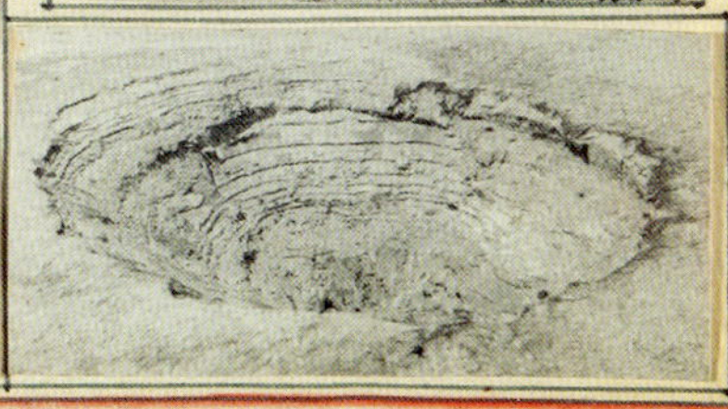

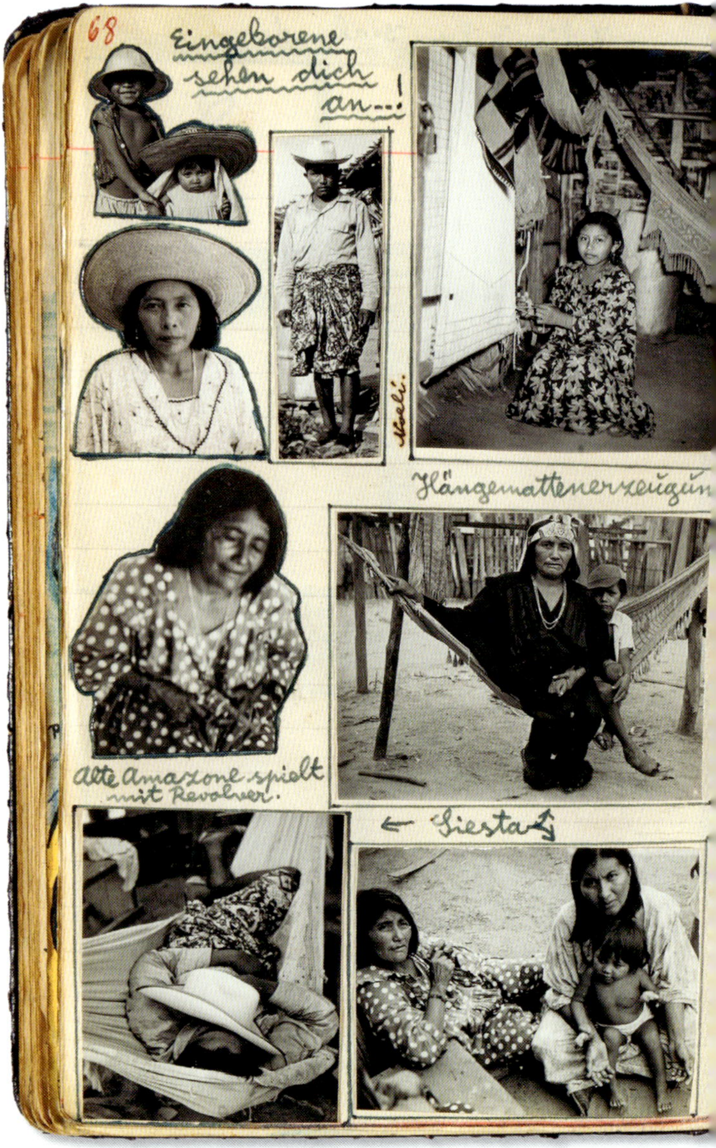

07. Álbum 2. Península de la Guajira, estado Zulia (1955-1957)

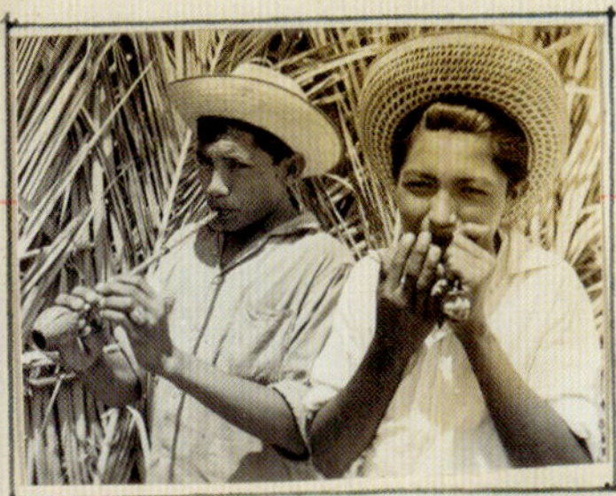

„Toto-toyojoin" = Bambusflöte mit Taparaverschlußboden.

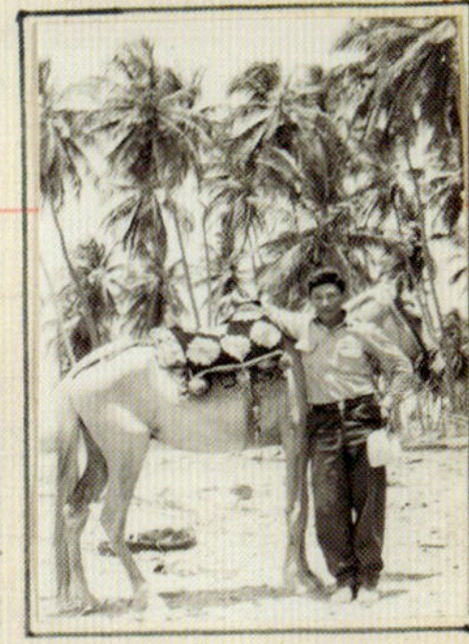

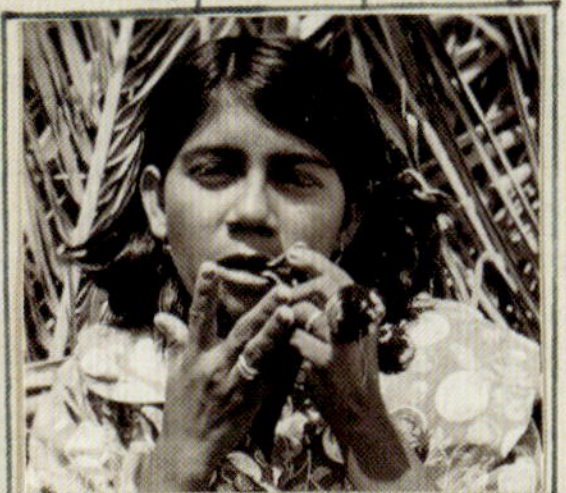

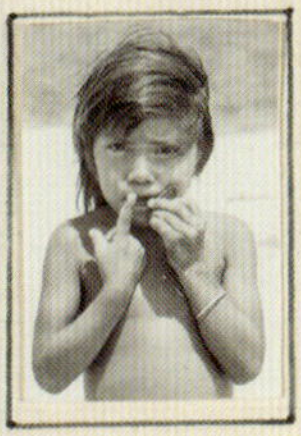

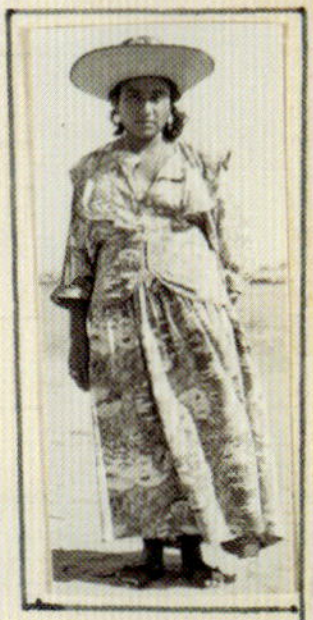

Maultrommelspieler = terempe-trompa.

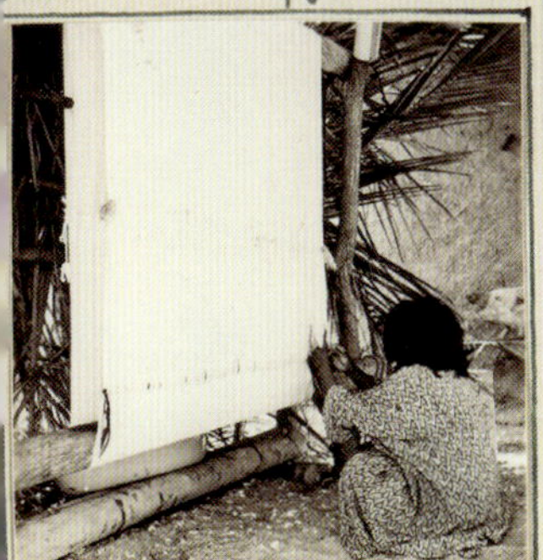

Hamacaflechterin.

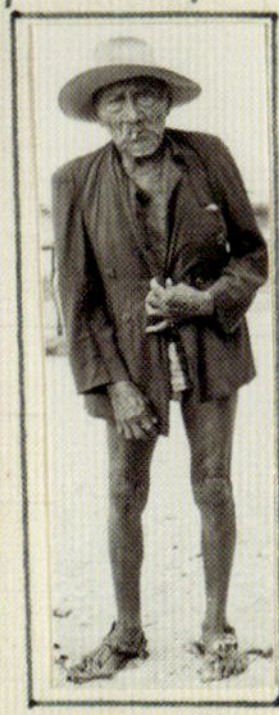

Mairao.

Alaala = Alter.

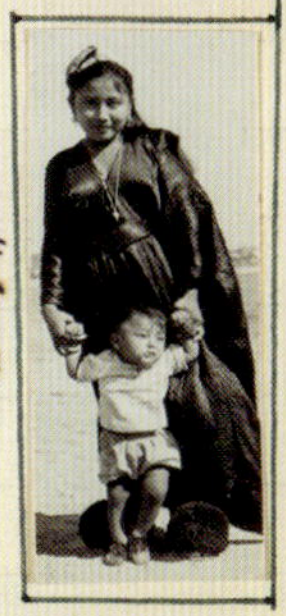

Junge Mutter.

…Schaf-
…g nach
…umbien

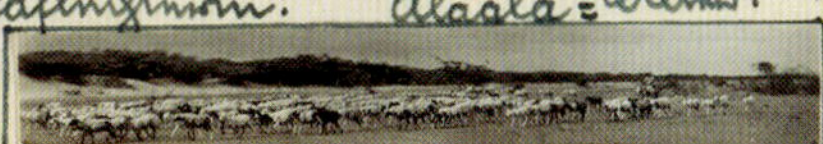

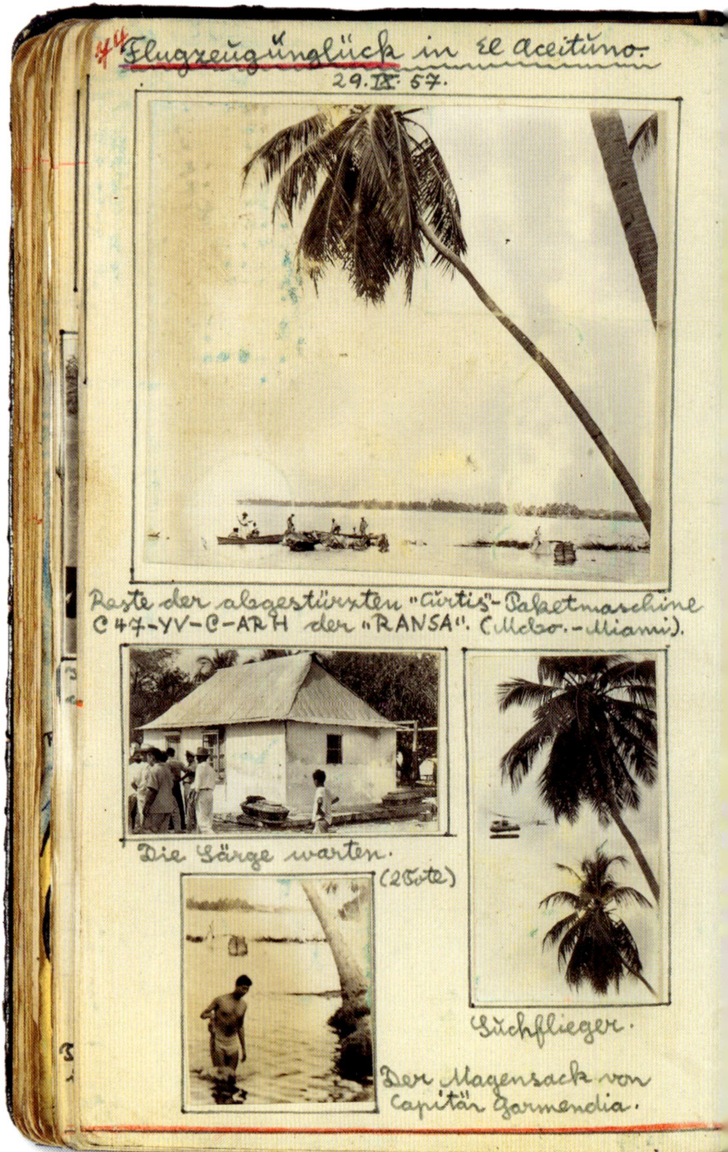

08. Álbum 2. Península de la Guajira, estado Zulia (1955-1957)

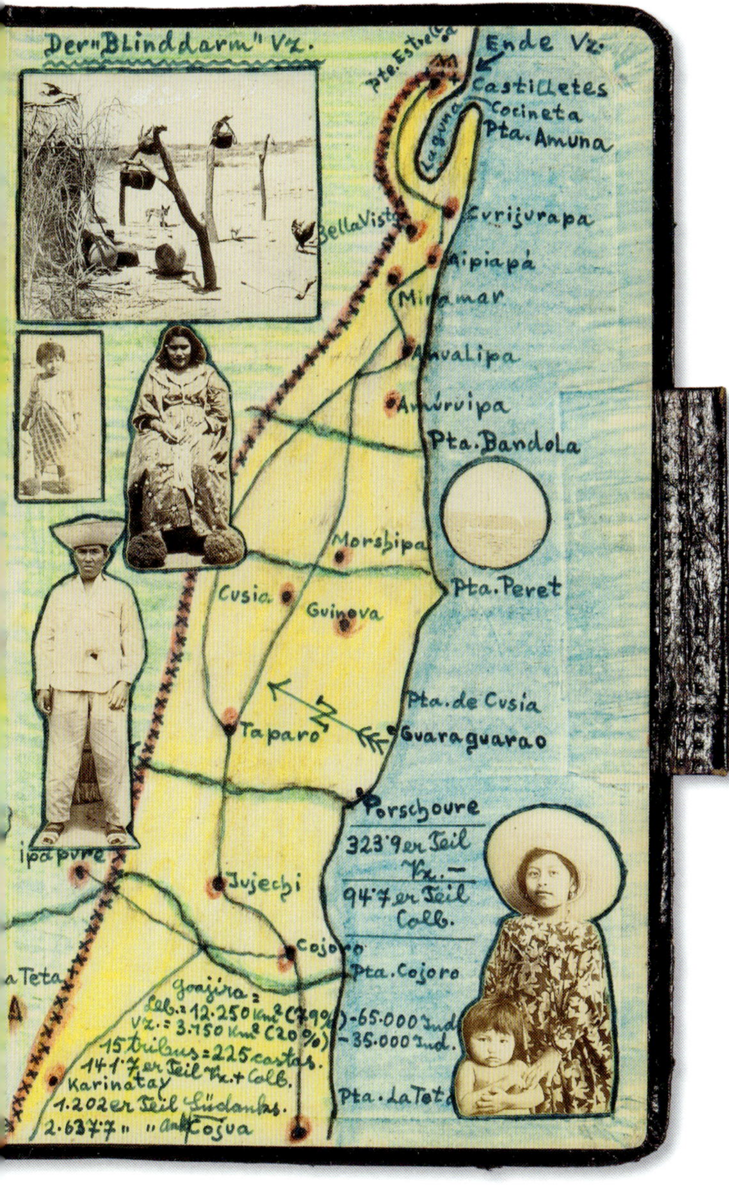
Der "Blinddarm" Vz.
Ende Vz.
Castilletes
Cocineta
Pta. Amuna
Laguna
Bella Vista
Aipiapá
Miramar
Pta. Bandola
Morshipa
Pta. Peret
Cusia
Guinova
Pta. de Cusia
Taparo
Guaraguarao
Porschoure
Jujechi
Cojoro
Pta. Cojoro
Goajira =
Vz. = 3.750 Km² (20%) – 35.000 Ind.
Karinatay
Cojua
Pta. La Teta

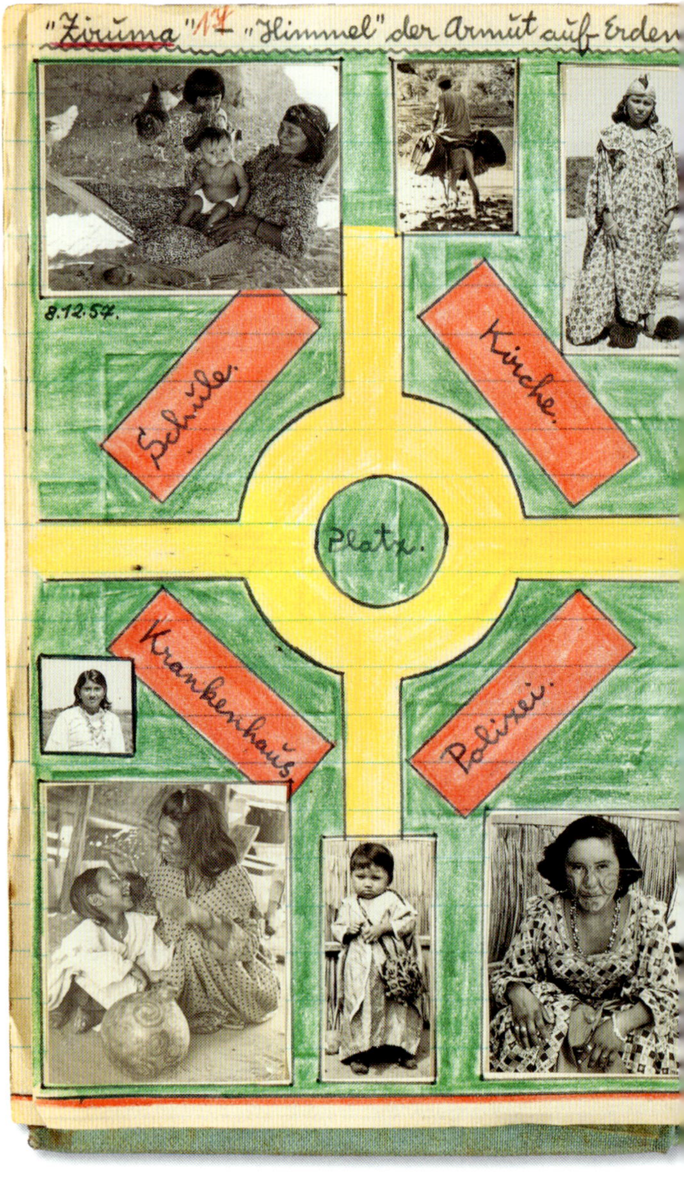

09. Álbum 3. Península de la Guajira, estado Zulia (1957-1959)

e Sonne glüht über der Goajira.

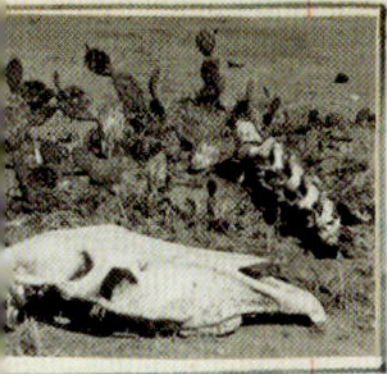

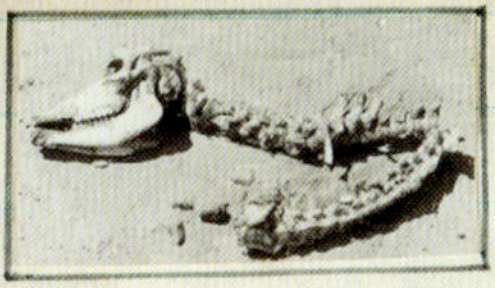

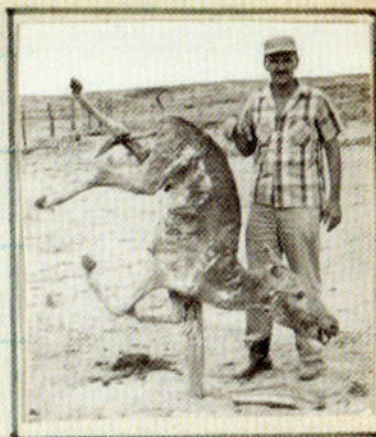

Eintritt ins Dürregebiet.

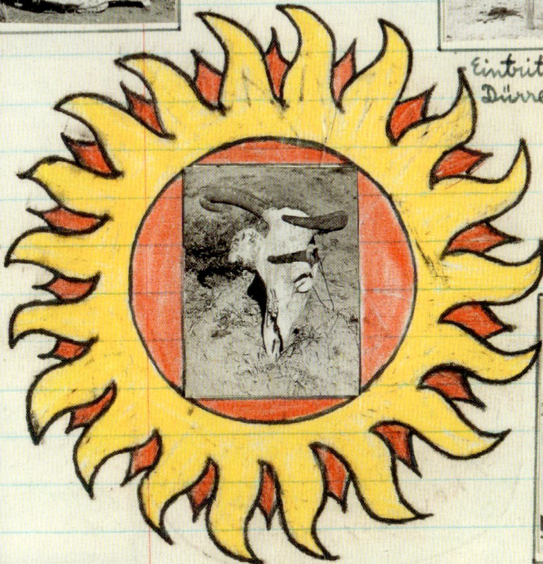

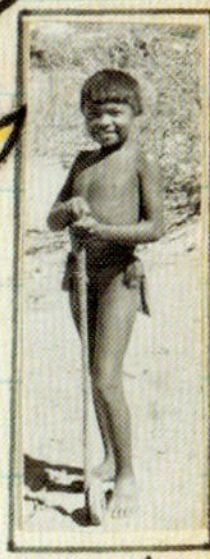

Guayú.

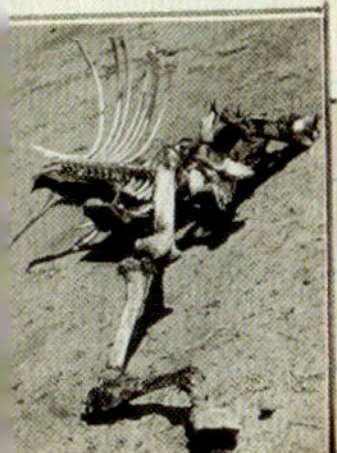

11 Monate kein Tropfen Regen!!

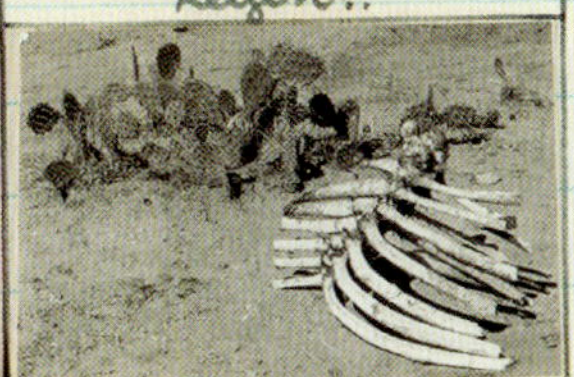

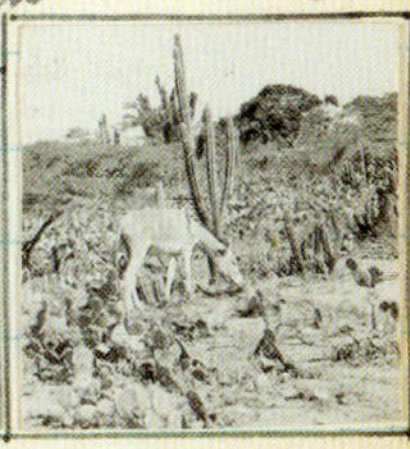

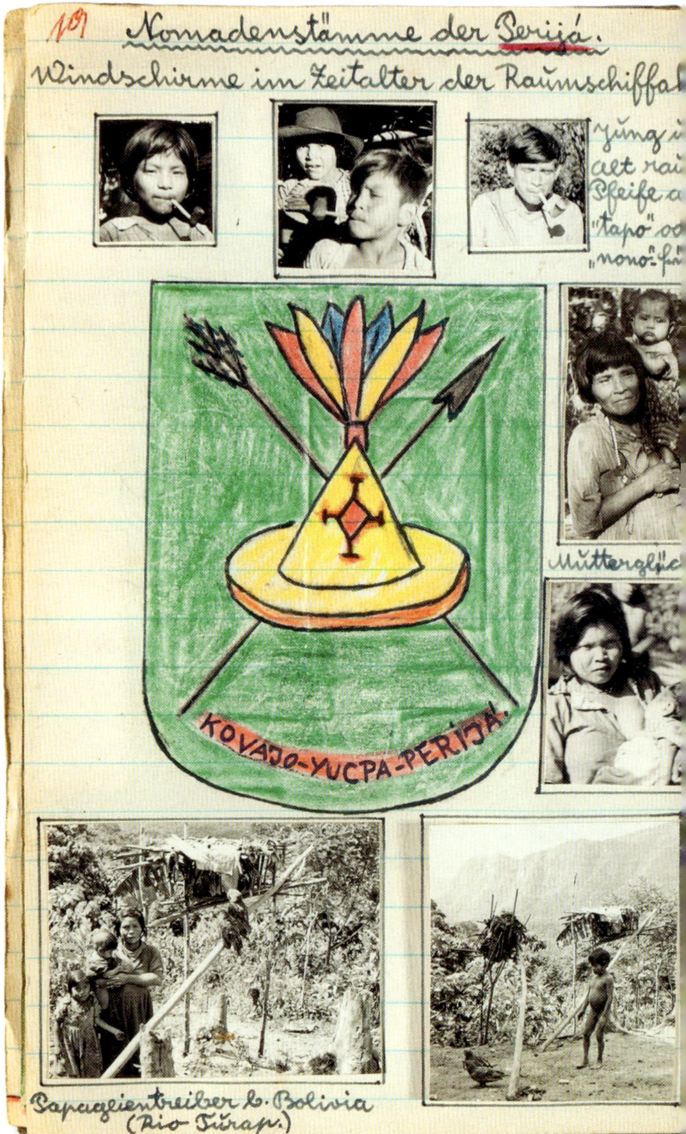

10. Álbum 3. Península de la Guajira, estado Zulia (1957-1959)

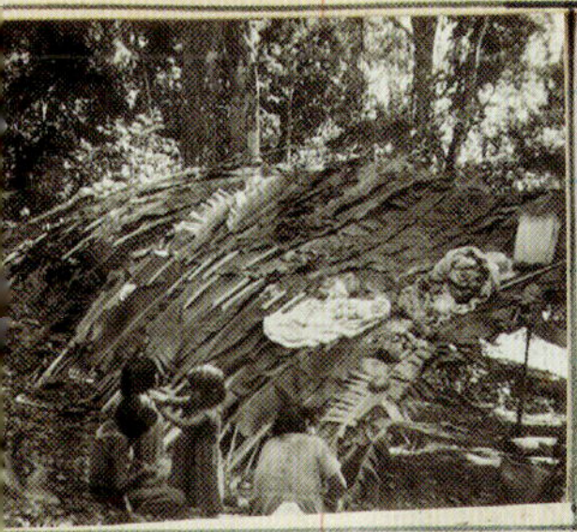

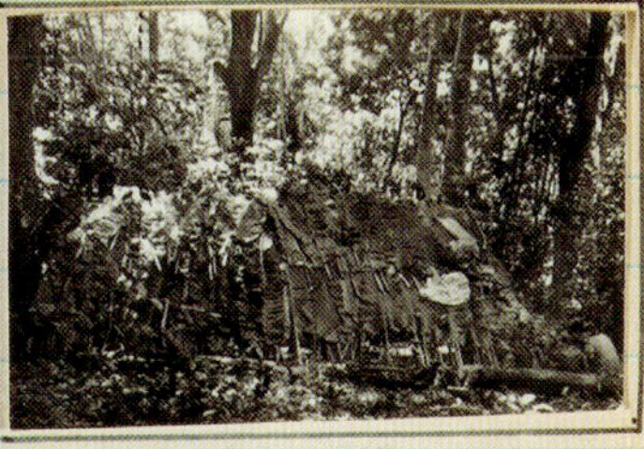

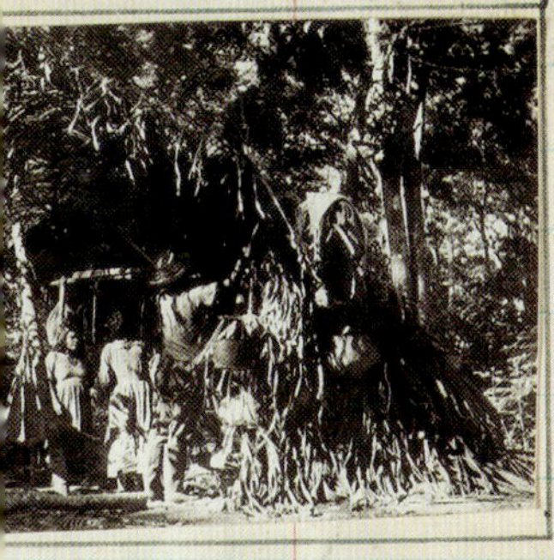

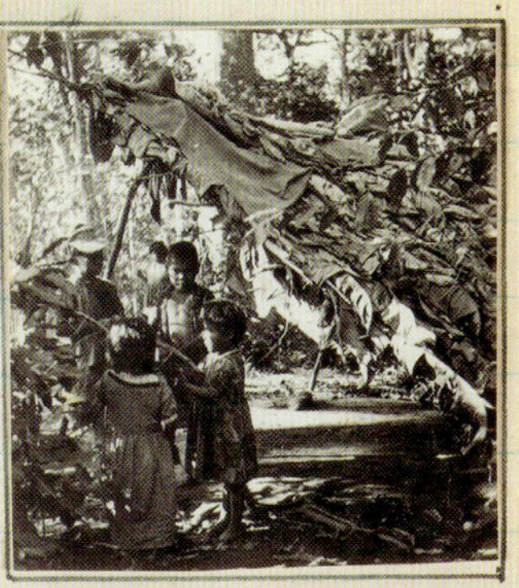

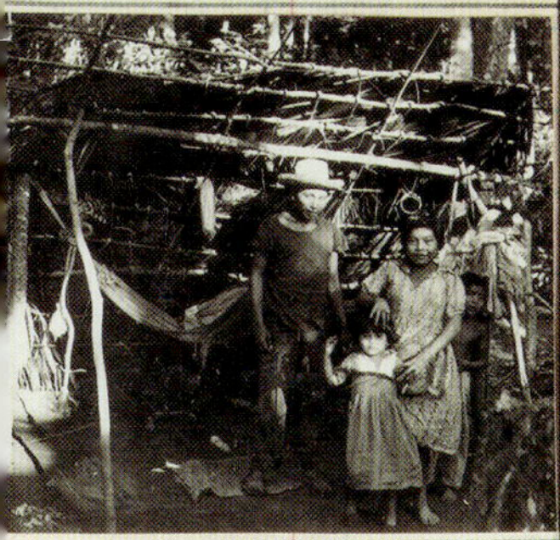

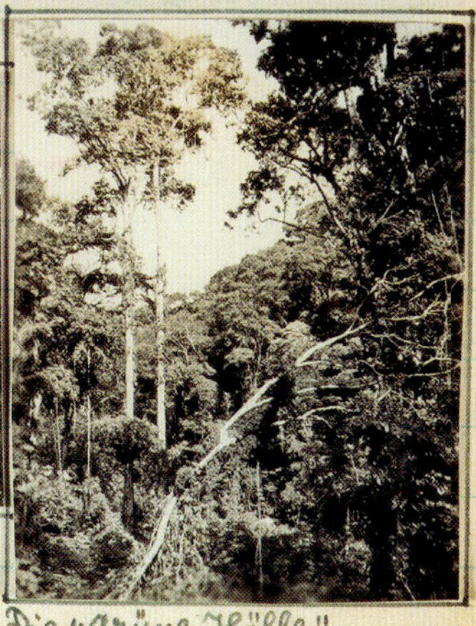

indschirme im Zeital=
n der Raumschiffahrt.

Die „grüne Hölle"!

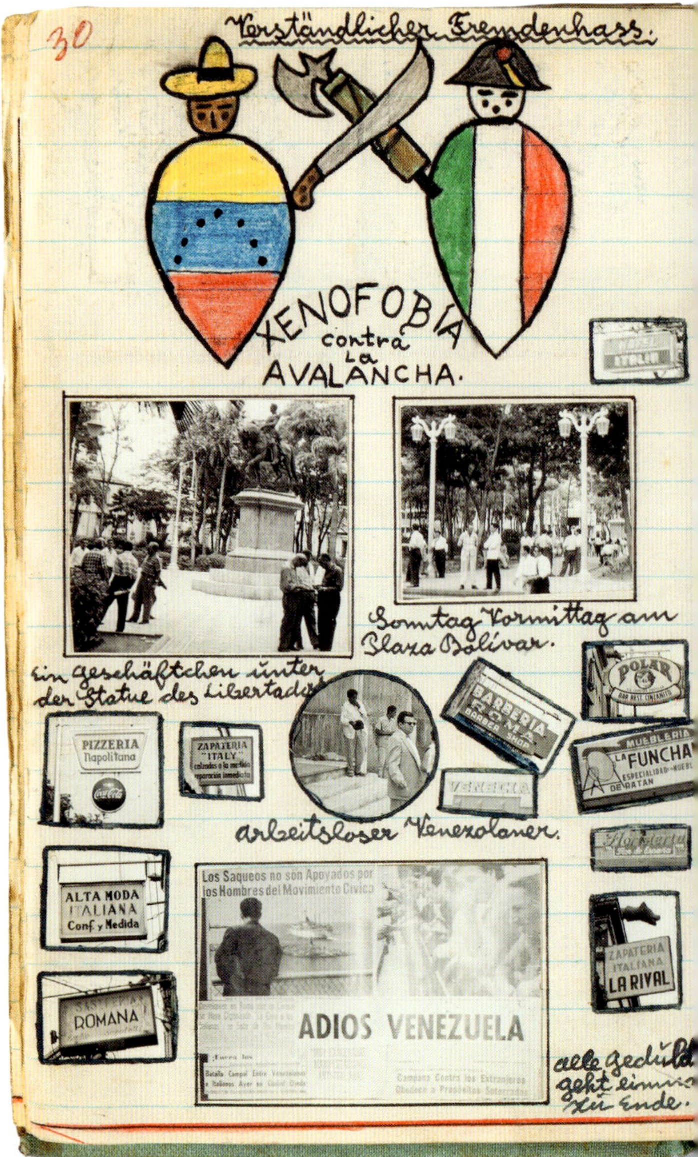

11. Álbum 3. Península de la Guajira, estado Zulia (1957-1959)

RÌO LÌMON

n tropi=
ßer FLUSS---
Der „Zitronenfluss."
-und sei=
ne
Bewohner.

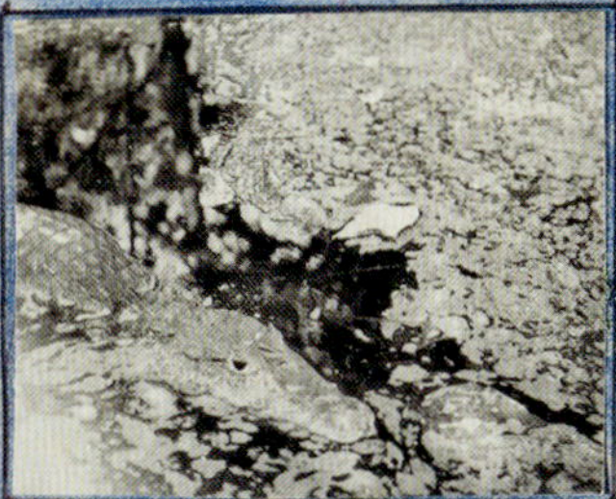

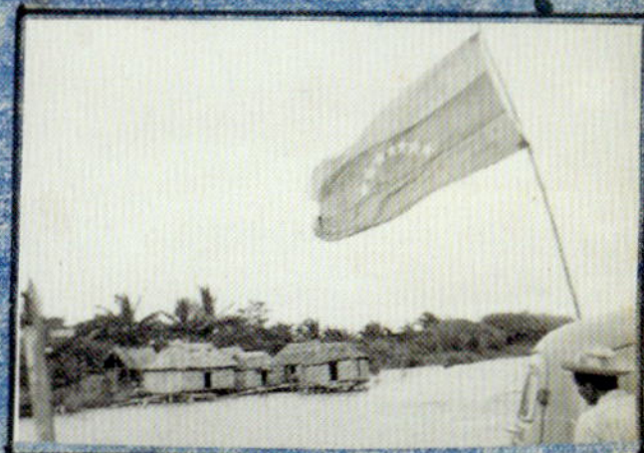

(Boot-aufnahme)

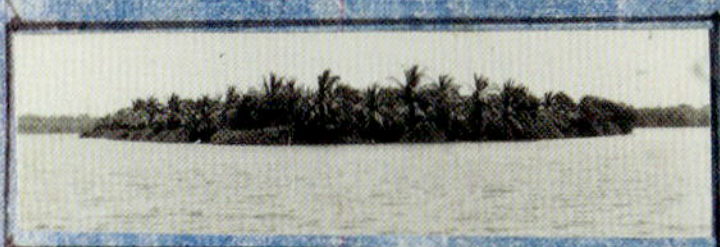

Insel "Orinoco"!

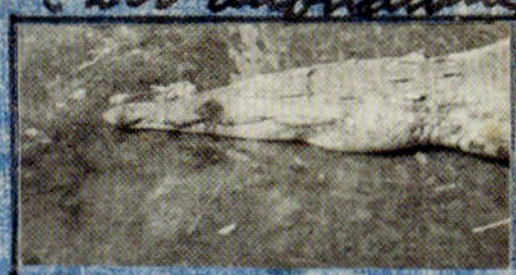

Spitzkrokodil.

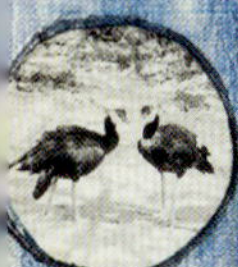

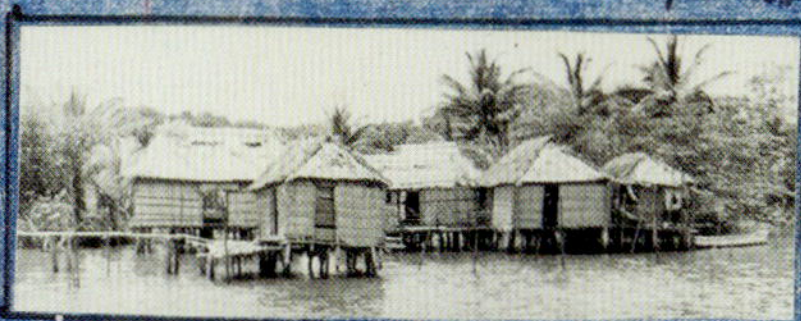

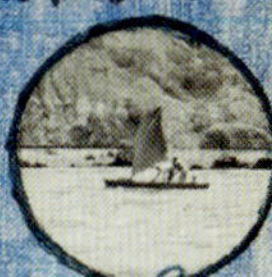

Pfahlbaudorf.

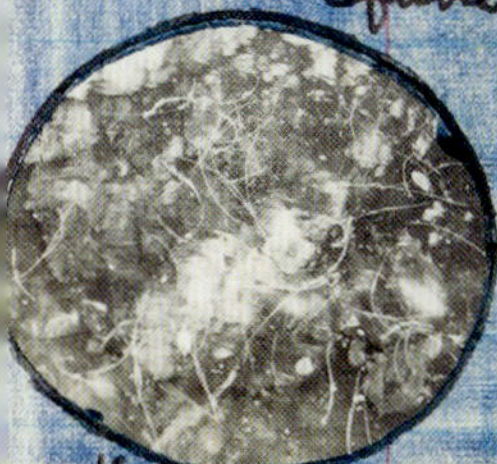

"Matamata"

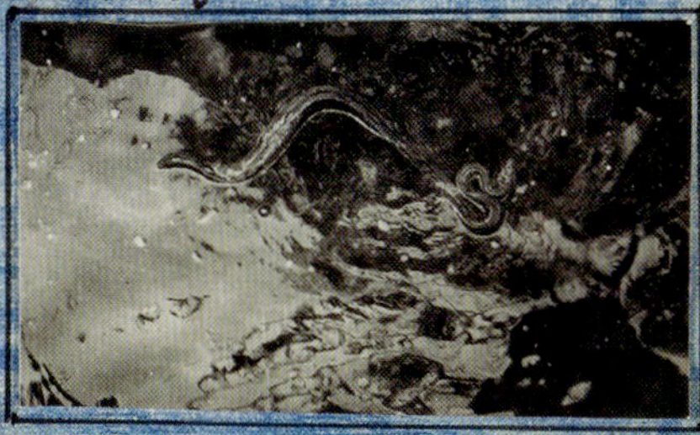

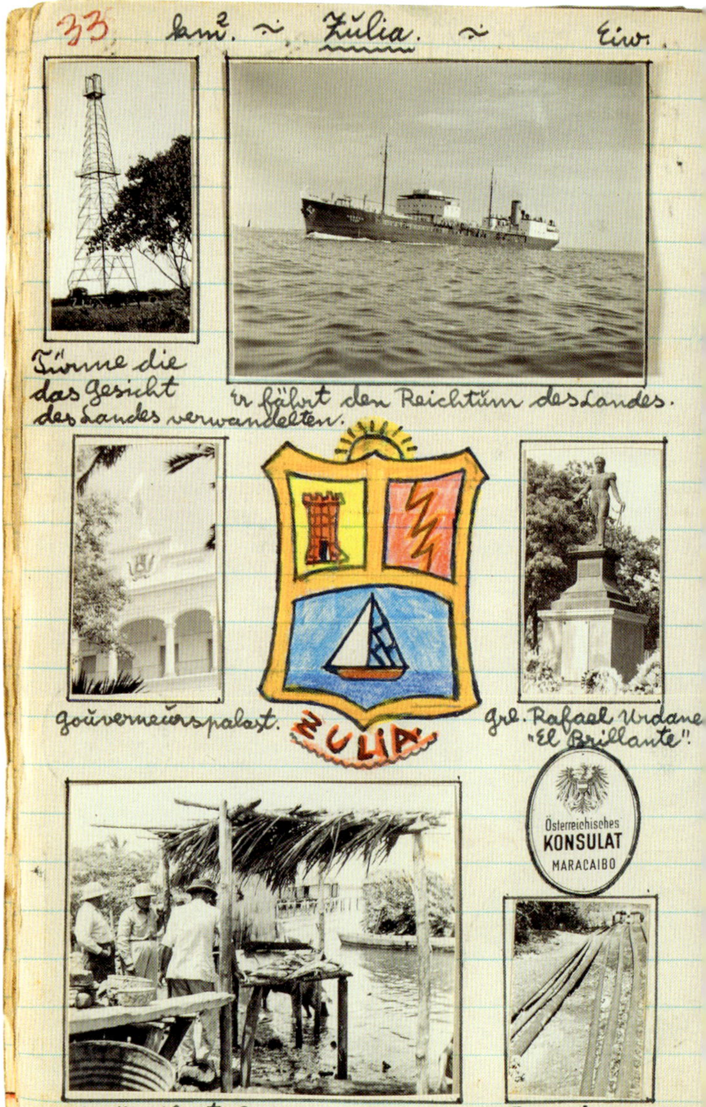

12. Álbum 3. Península de la Guajira, estado Zulia (1957-1959)

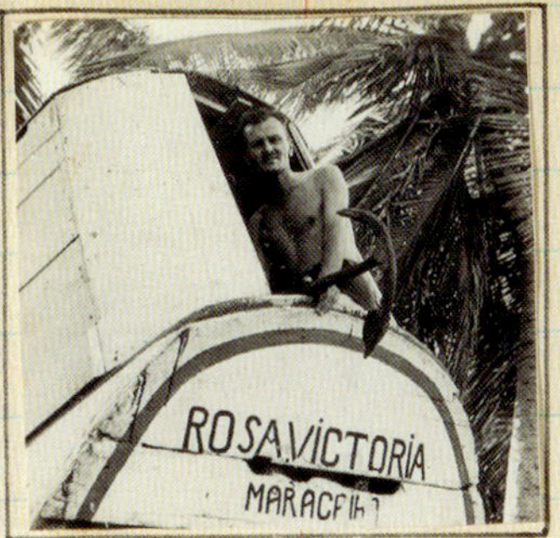

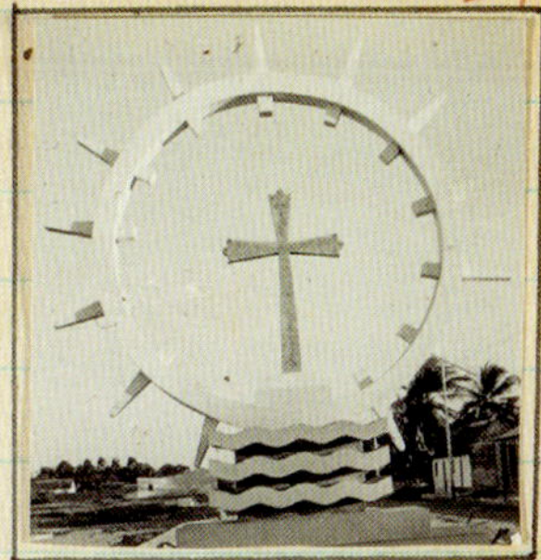

Marinedenkmal.

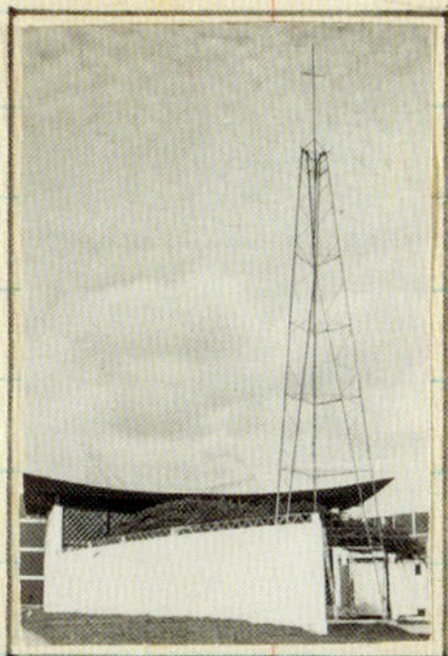

er Ölturm als Vorbild.

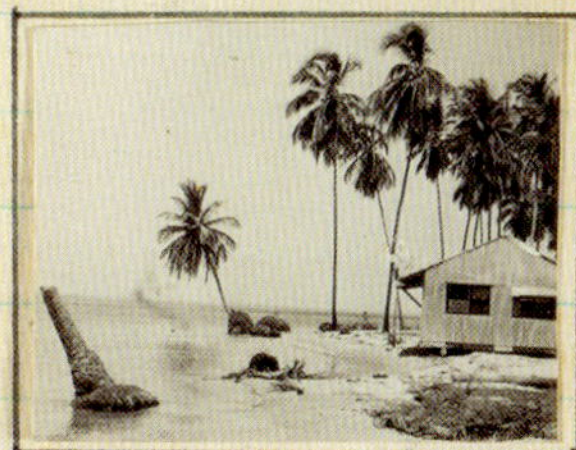

Punta Palmas.
29.|IX.57.

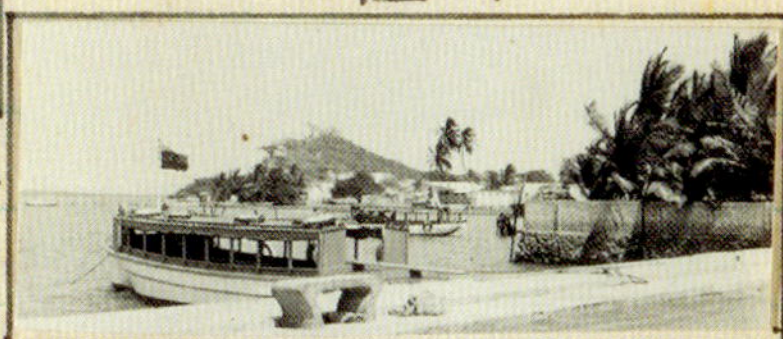

Insel Toas

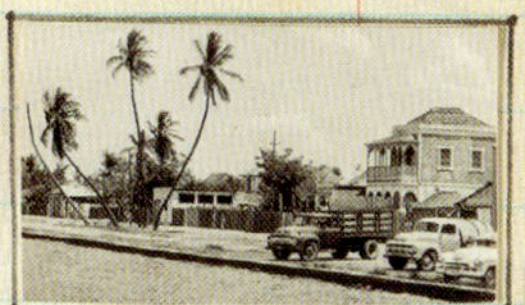

Puerto de Altagracia

Holzfällerlager in Montes de Oca.

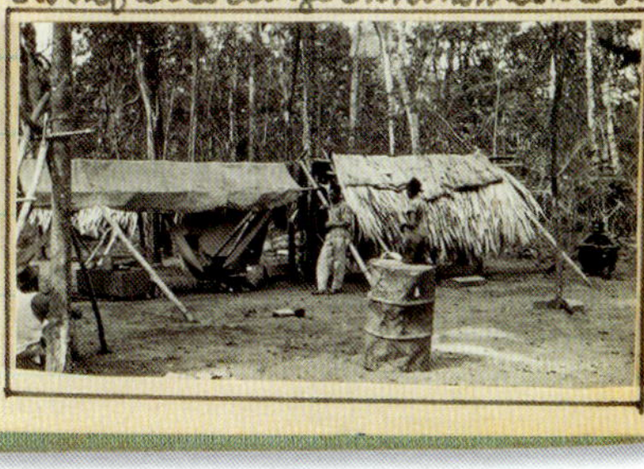

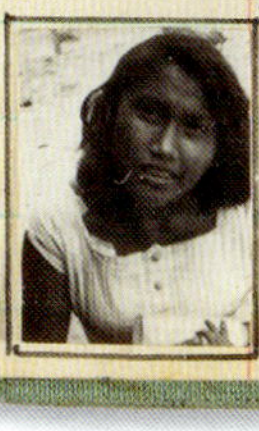

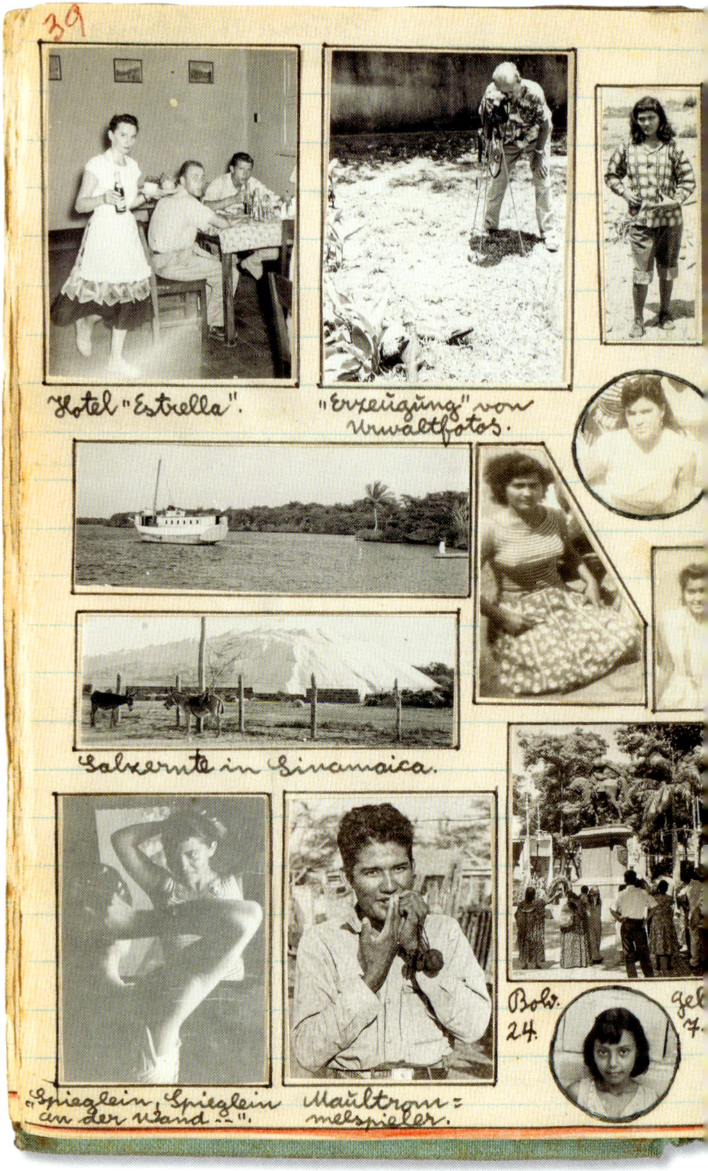

13. Álbum 3. Península de la Guajira, estado Zulia (1957-1959)

30.III. – 7.IV. 58.

vom Rio Negro zum Rio Tucucu

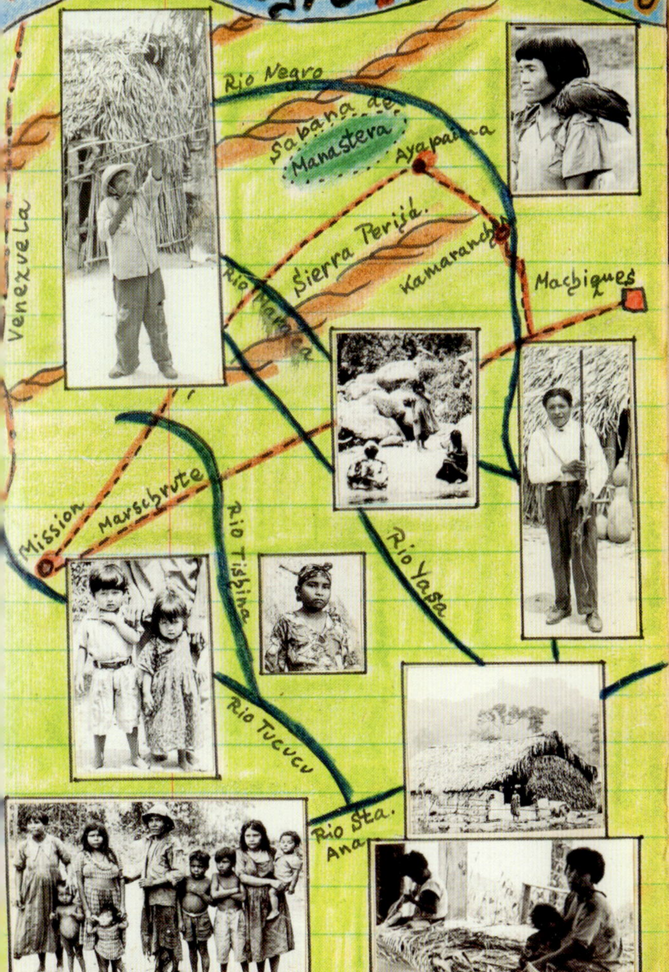

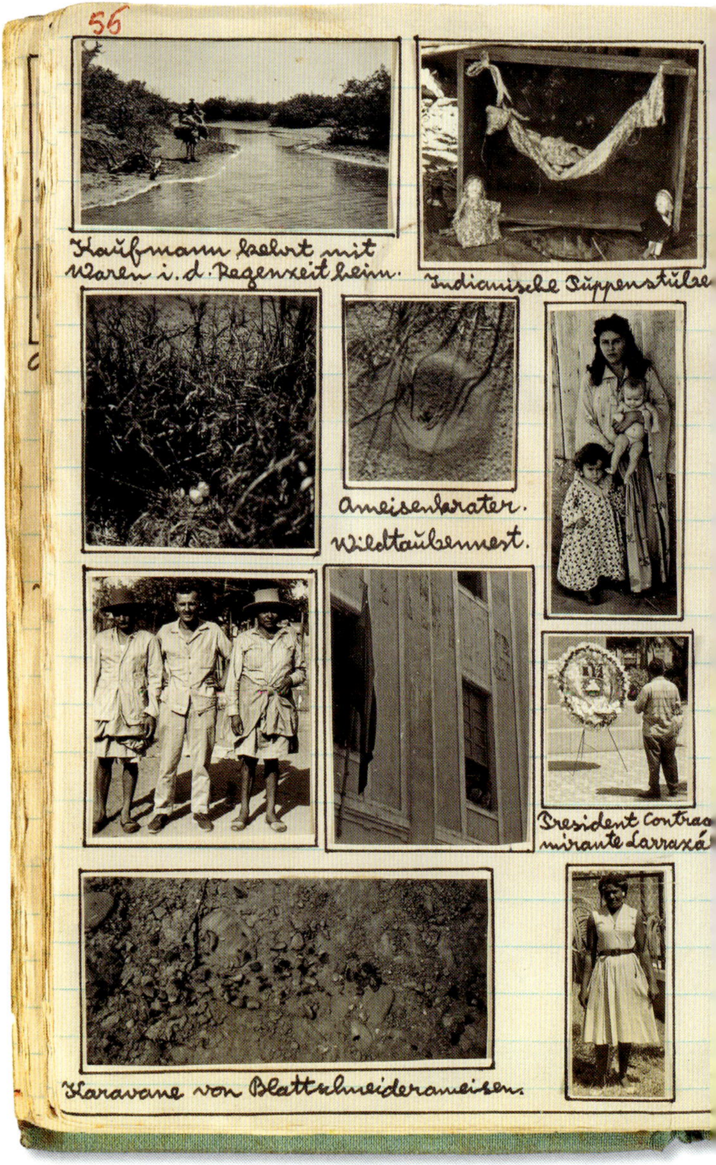

14. Álbum 3. Península de la Guajira, estado Zulia (1957-1959)

14= Jahresfeier von Zirúma.

(12.10.1944 – 5.7.1958.) – 6.000 Indios.

(1941 = „Junta Pro-Indígena de Tierra Negra").

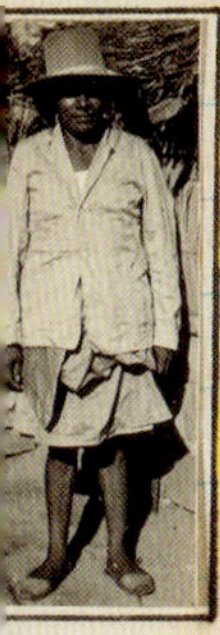

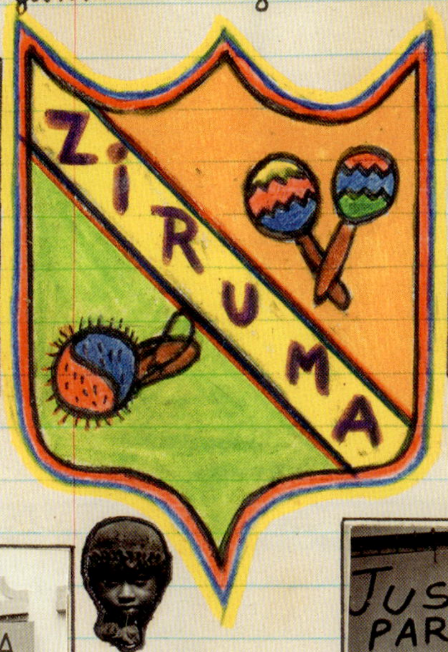

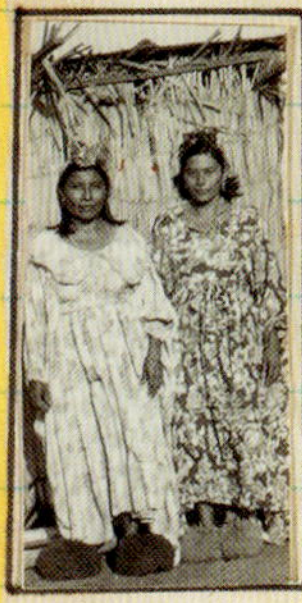

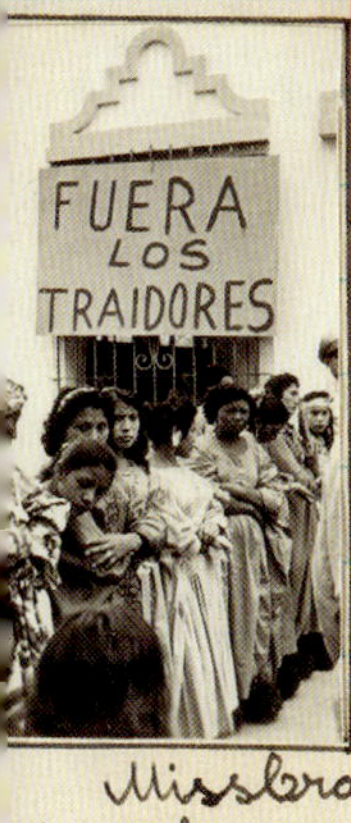

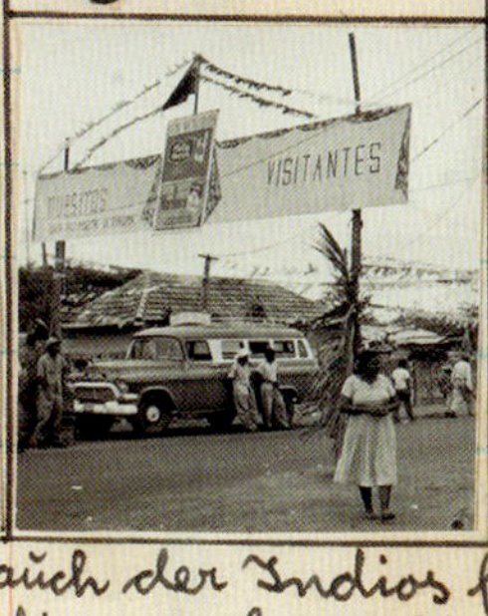

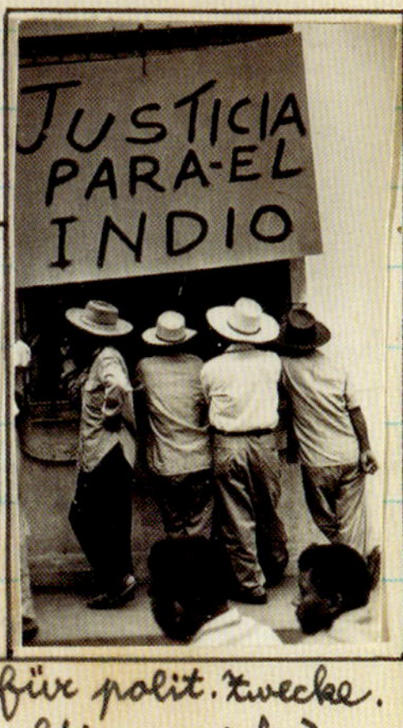

Missbrauch der Indios für polit. Zwecke.
der: der Indianer als Wahl-Stimmvieh).
Wirklichkeit: „Hamú sulu Cirúma" = „Hun-
nd im Himmel"..

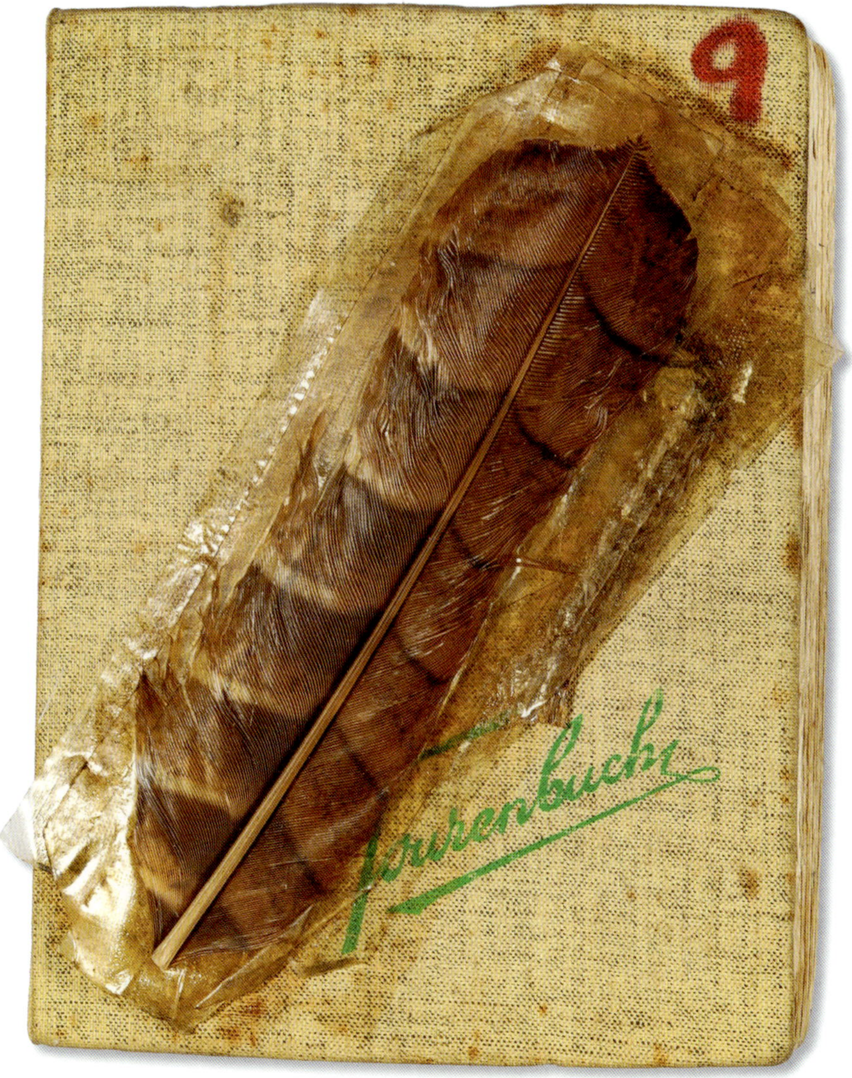

15. Álbum 9 (portada). Viajes alrededor del mundo y Venezuela (1965-1966)

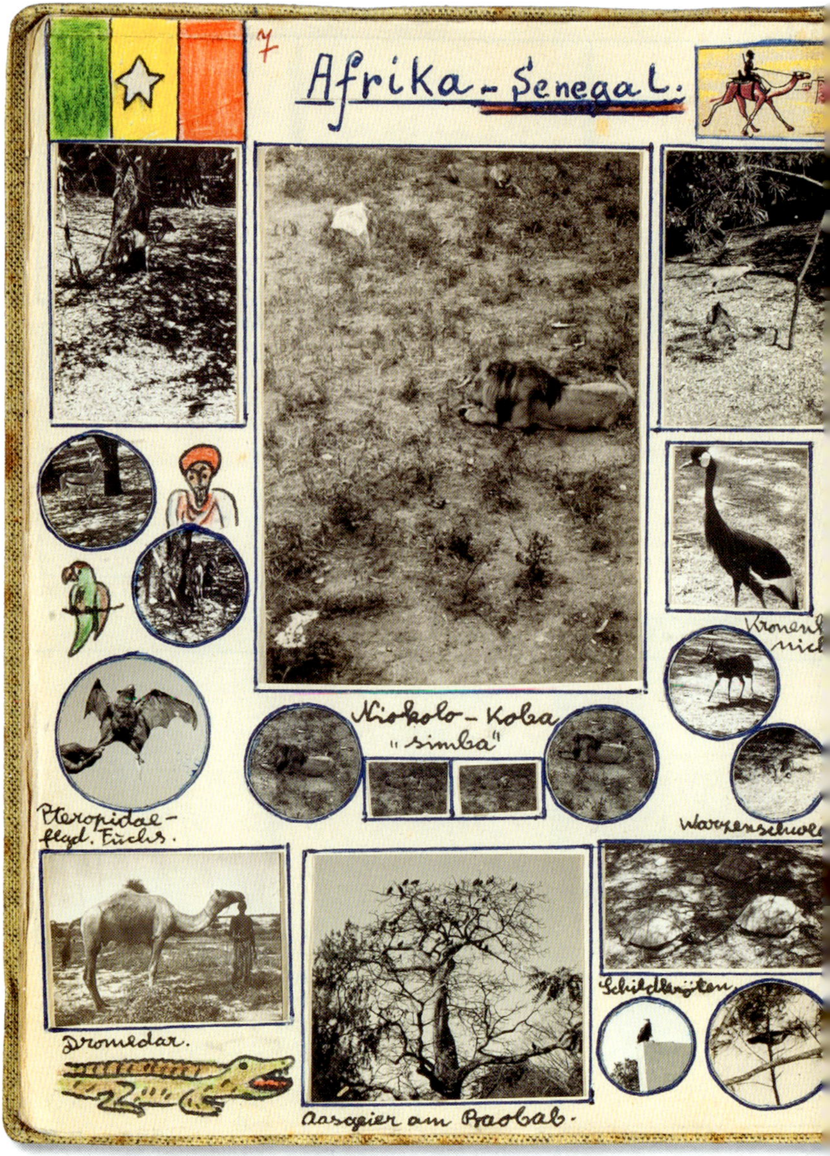

16. Álbum 9. Viajes alrededor del mundo y Venezuela (1965-1966)

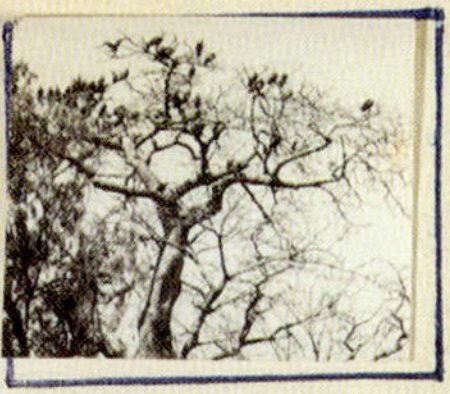

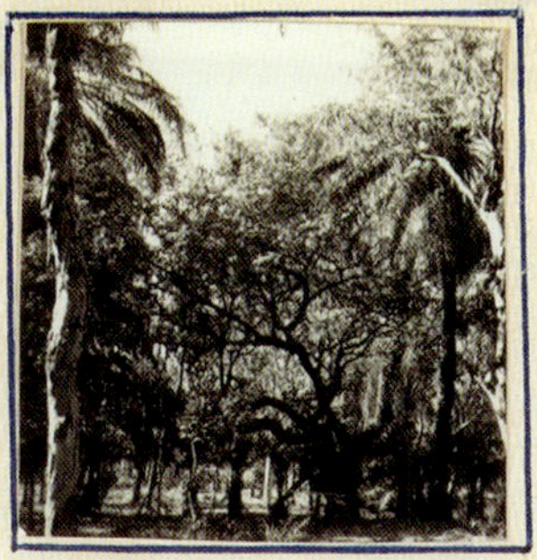

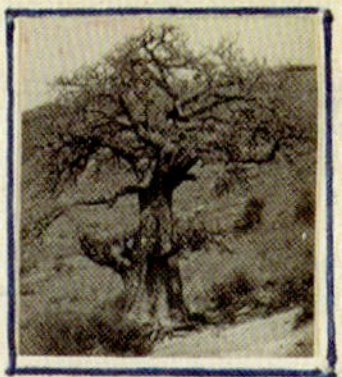

Baobab - ca. 6.000 Jhr. alt.

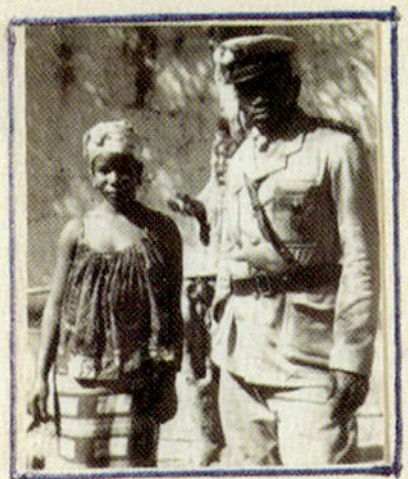

Saydou M'Bare - Toucouleurstamm.

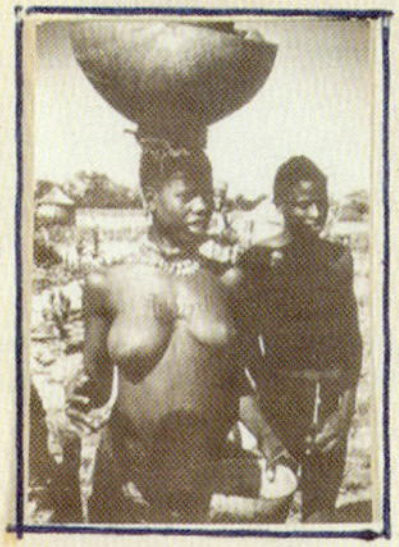

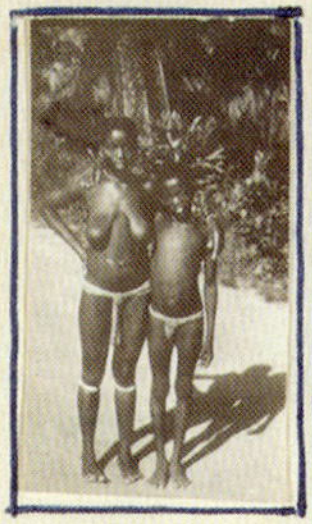

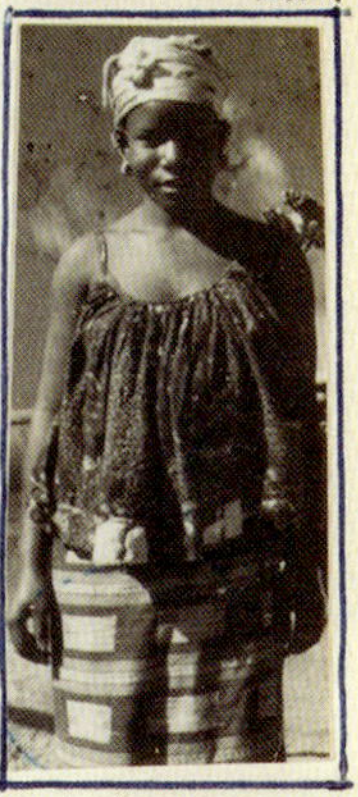

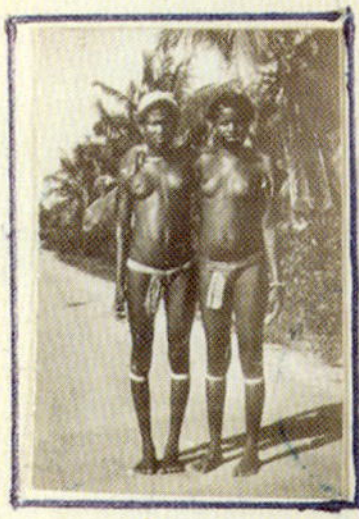

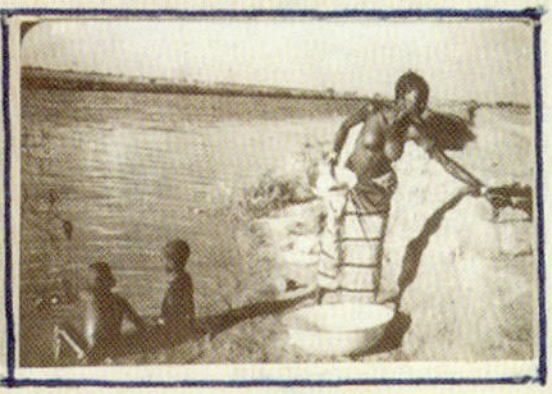

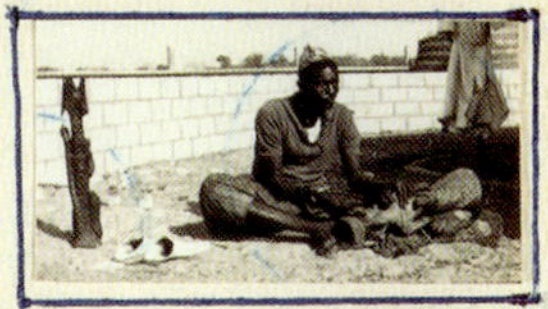

Sadagan = Village Artesanal 12.5.65.

Hetzpiere.

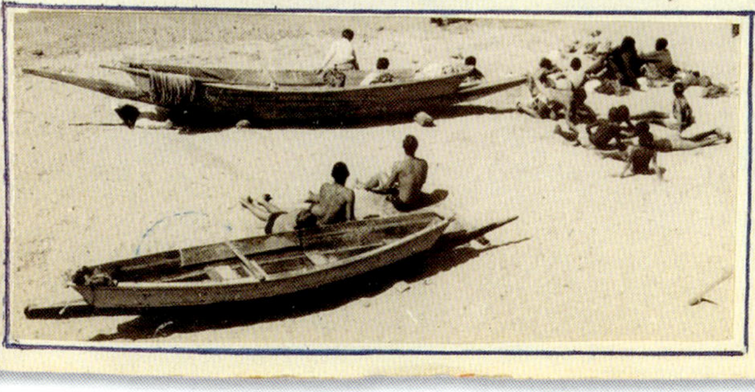

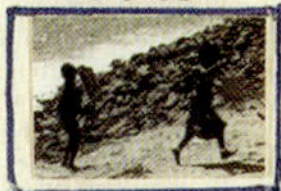

"Hilfe - ein weisser Fotograf!!"

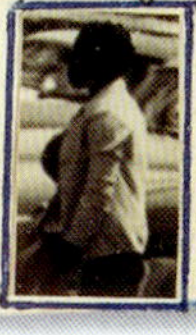

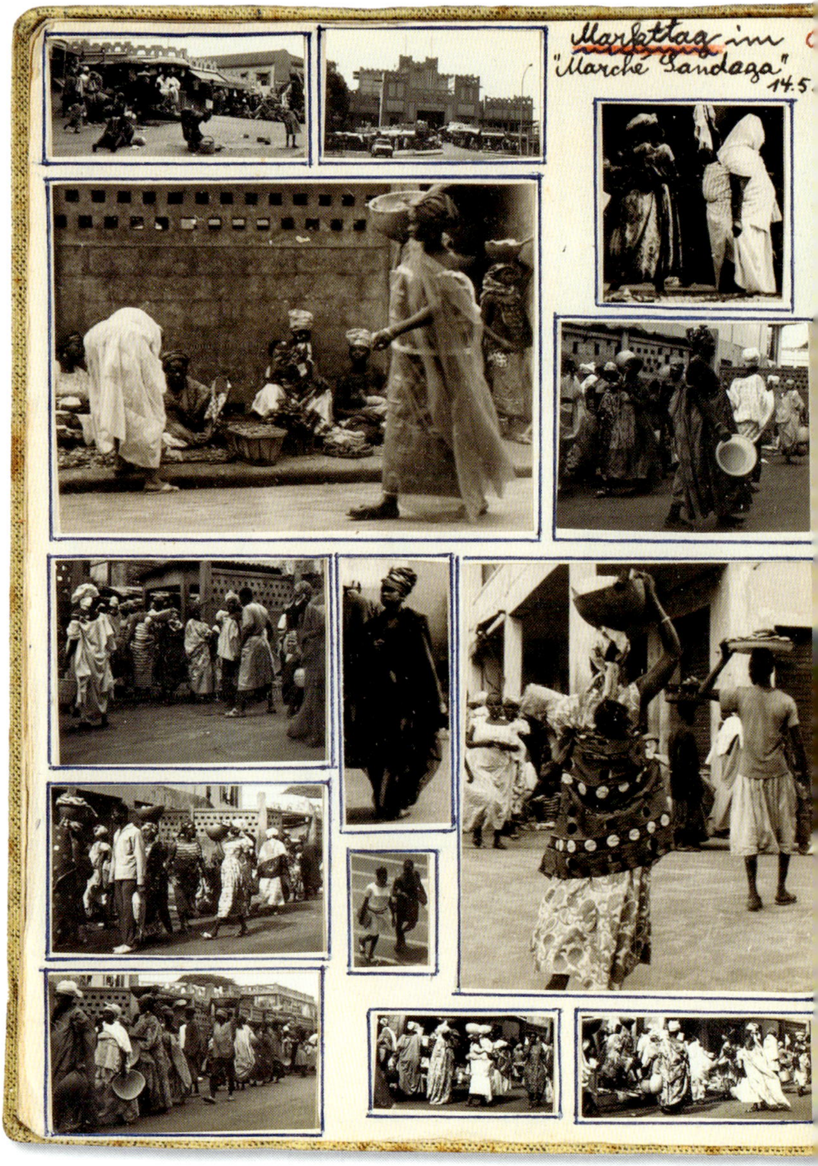

17. Álbum 9. Viajes alrededor del mundo y Venezuela (1965-1966)

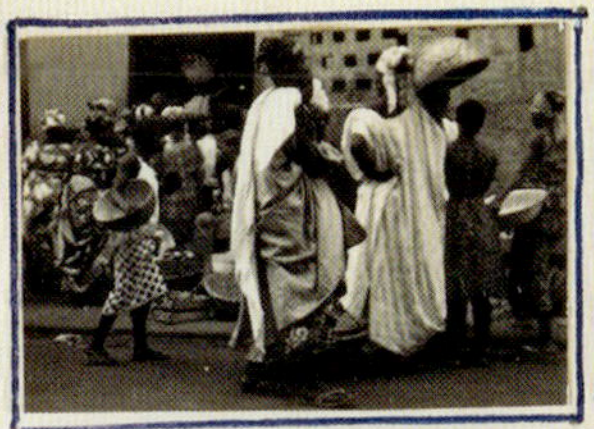
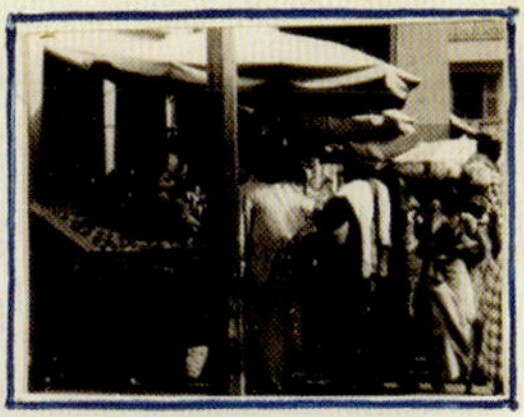
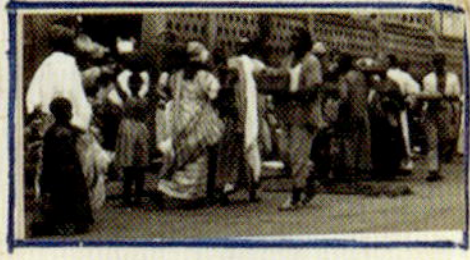
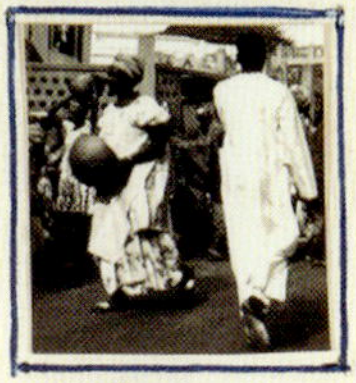
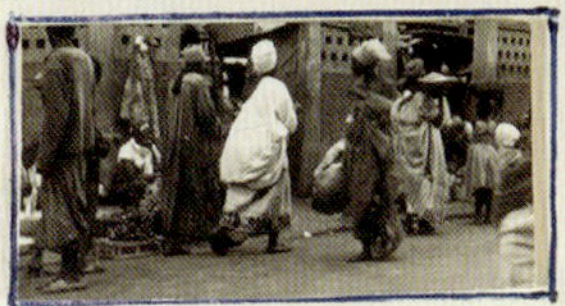
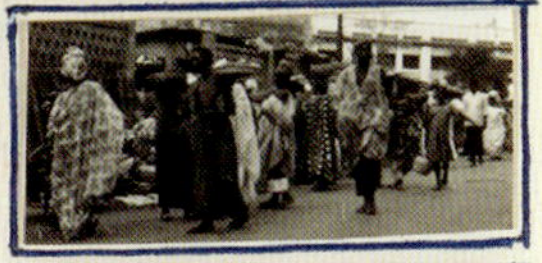
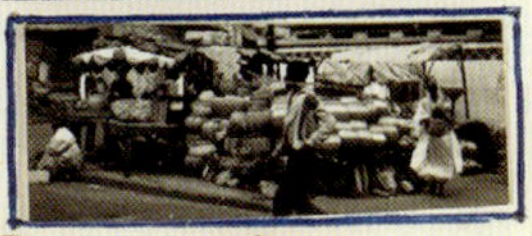

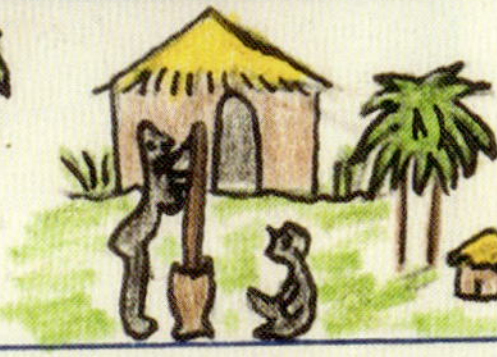
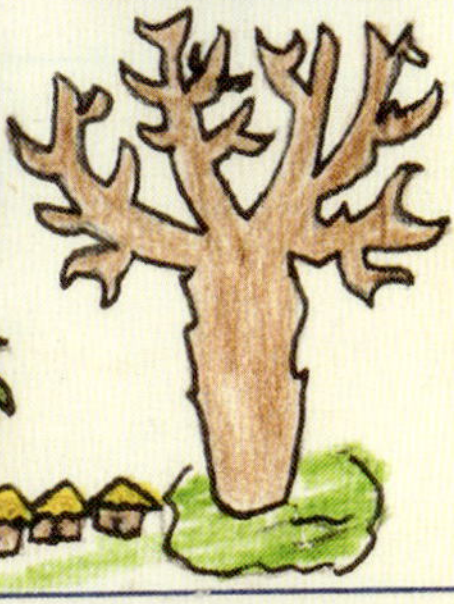
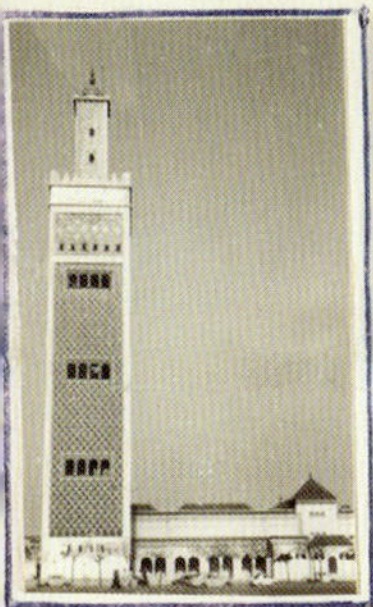

"grosse Moschee".

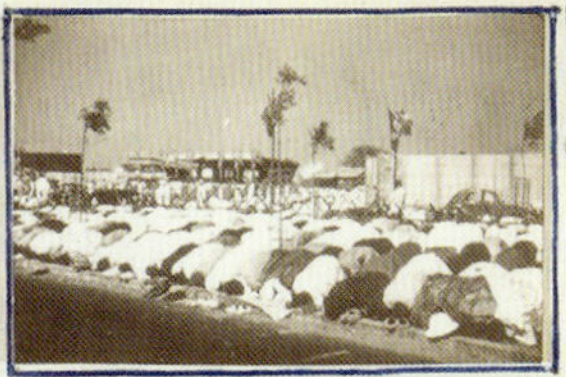

Mittagsgebet "Zohr".

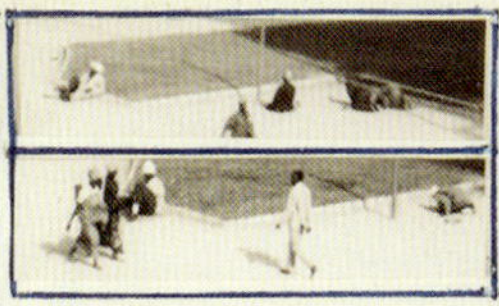
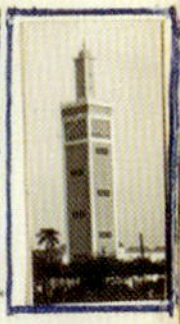

eligion:

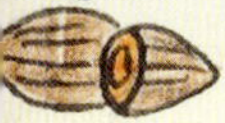
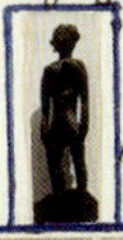

Fetiche v. "Gri-Gri"

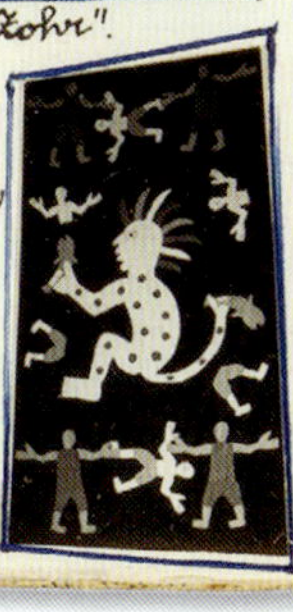
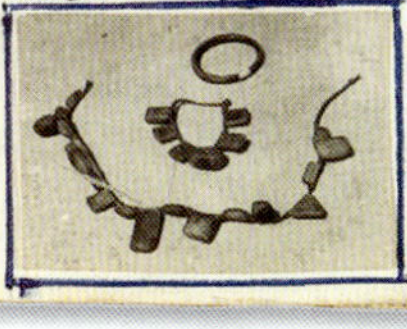
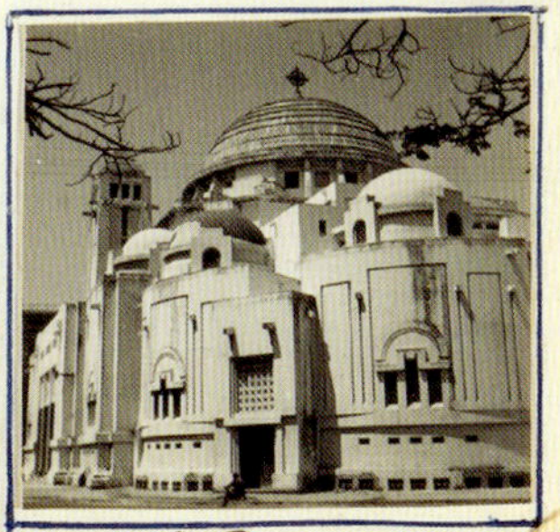

Kath. Dom

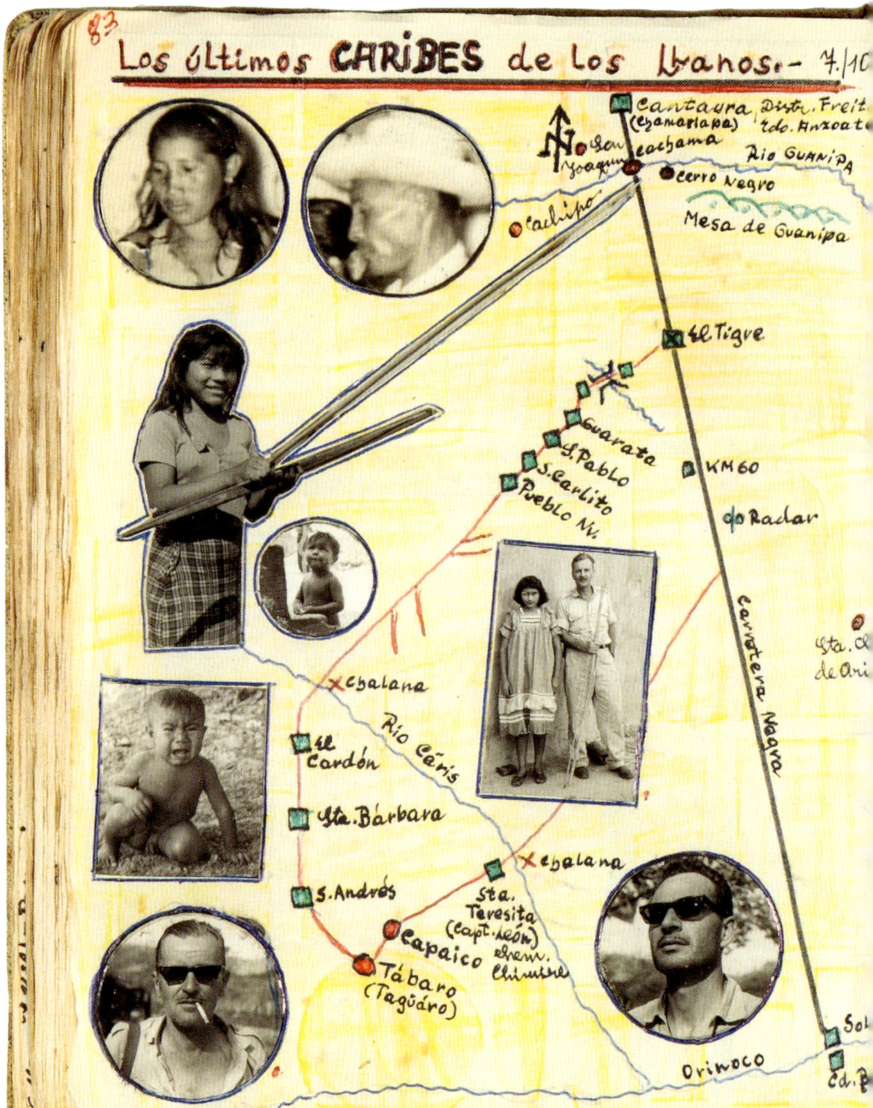

18. Álbum 9. Viajes alrededor del mundo y Venezuela (1965-1966)

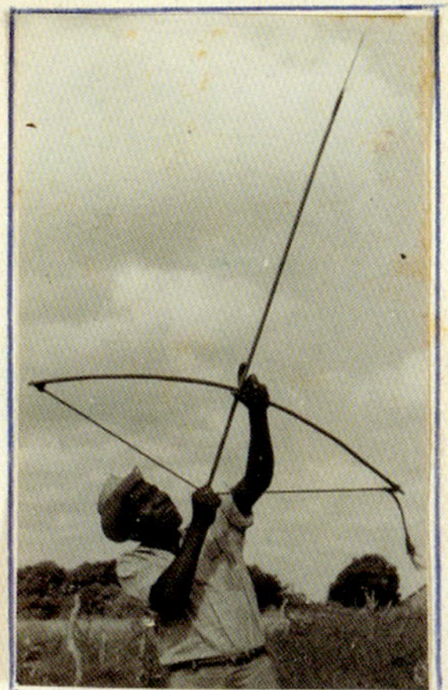

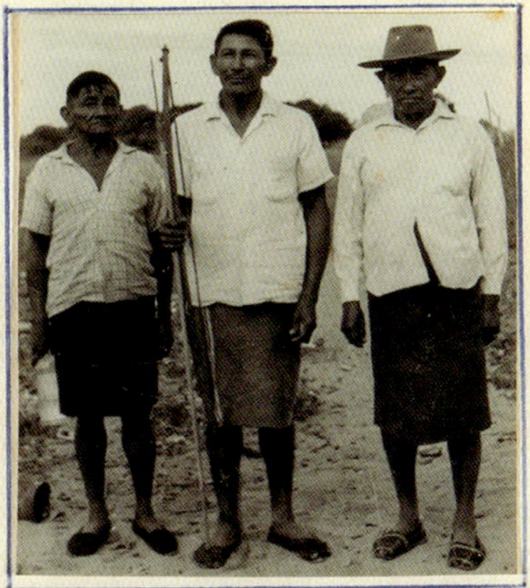

1.700 "cariñas" Menschen.

Häuptlingssohn

Cachama - 7.4.66.

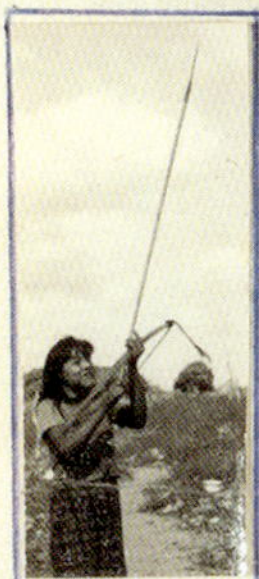

Corina mit 'apa (Bogen).
ero Gregorio Malta

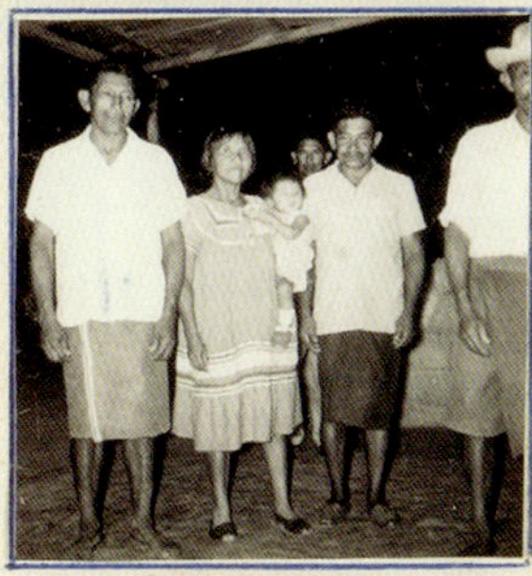

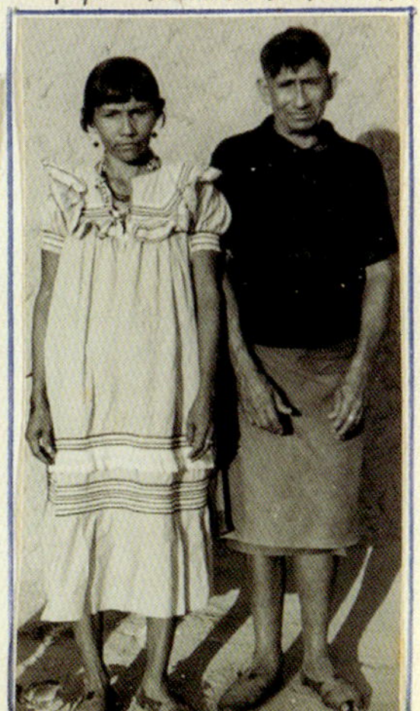

Tamanaico = Nachkomme Tamanacos.

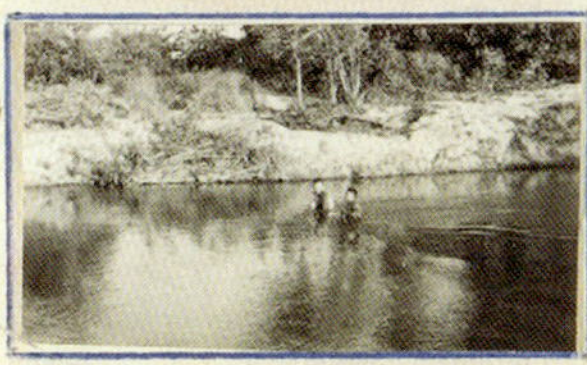

Baden im Rio Guanipa

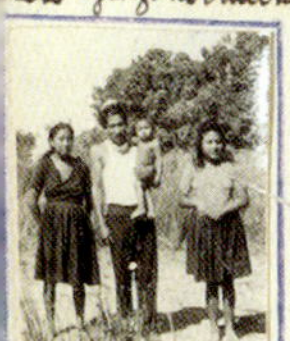

Schule erb. v. Rotary-Club →

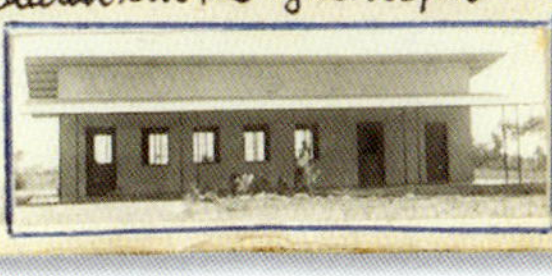

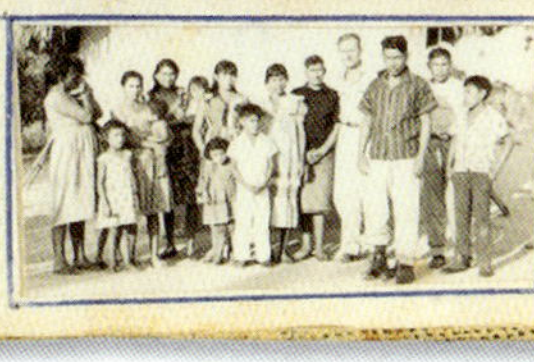

Cerro Negro

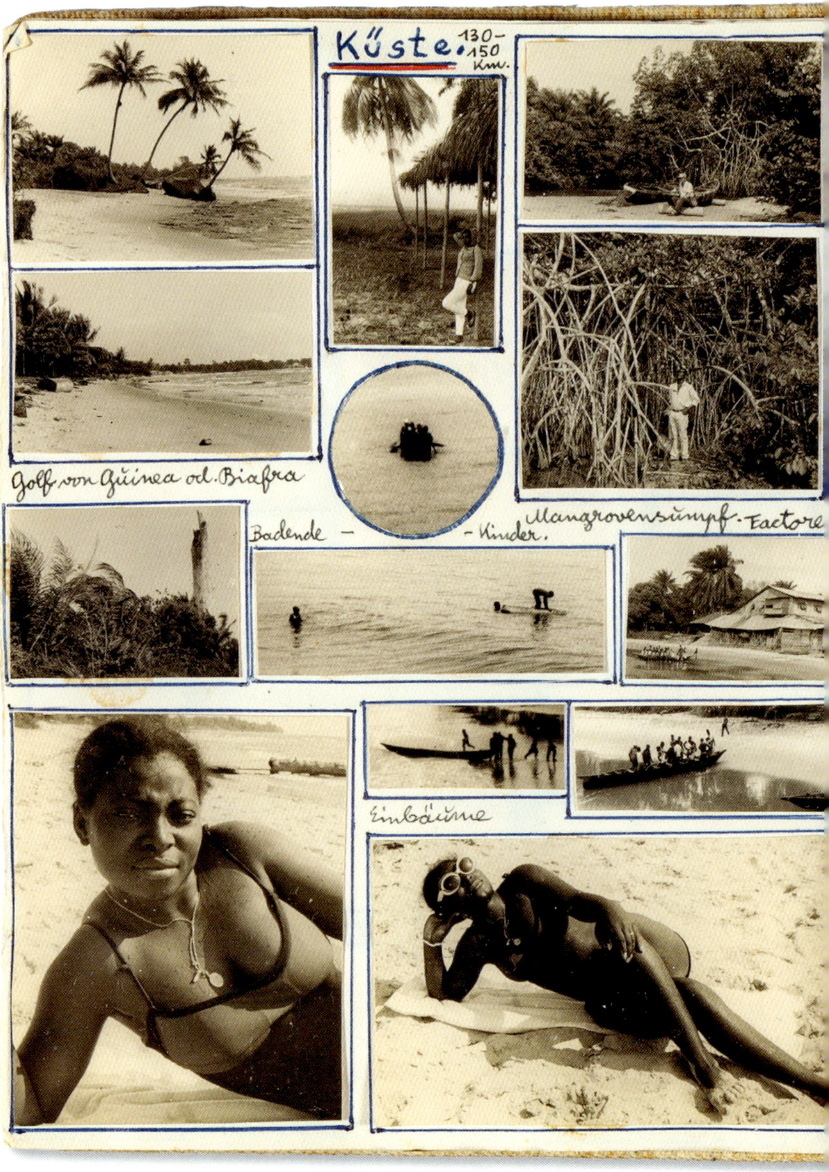

19. Álbum 12. Viajes alrededor del mundo y Venezuela (1967-1969)

Bootswettfahrt der "Playeros".

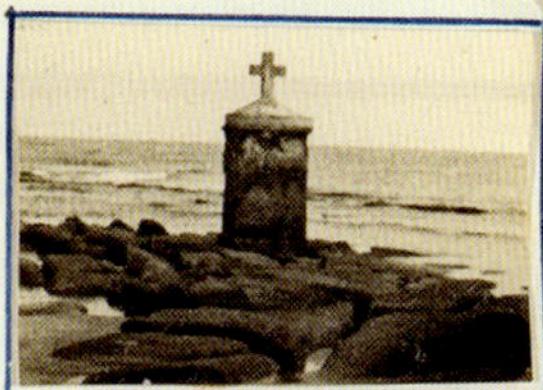

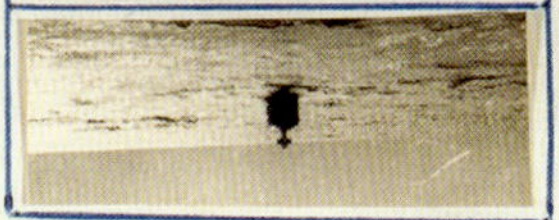

Opfer des Meeres (Electriker)

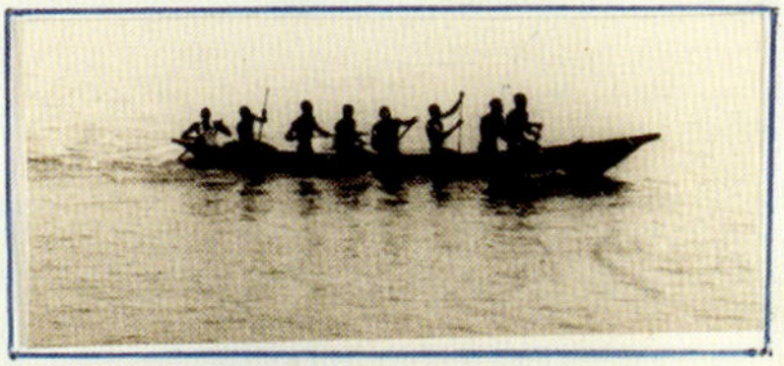

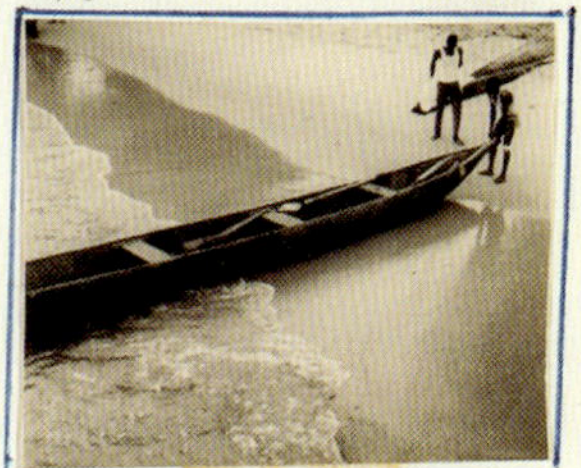

Fischerboot

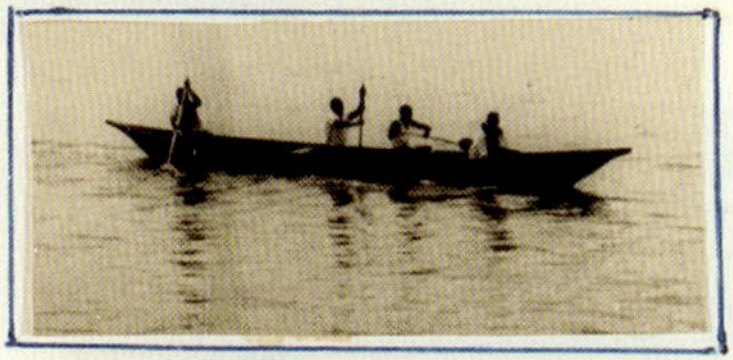

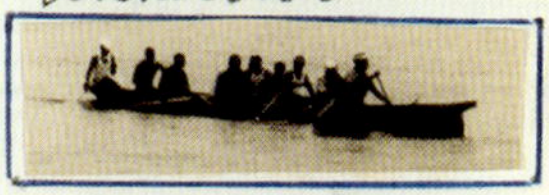

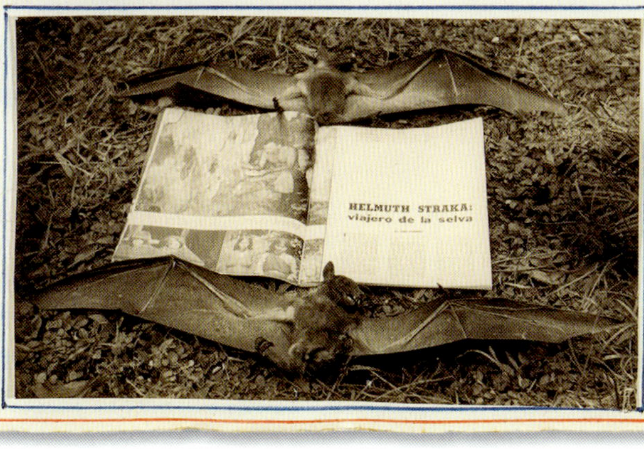

Pteropodidae – 90cm l.

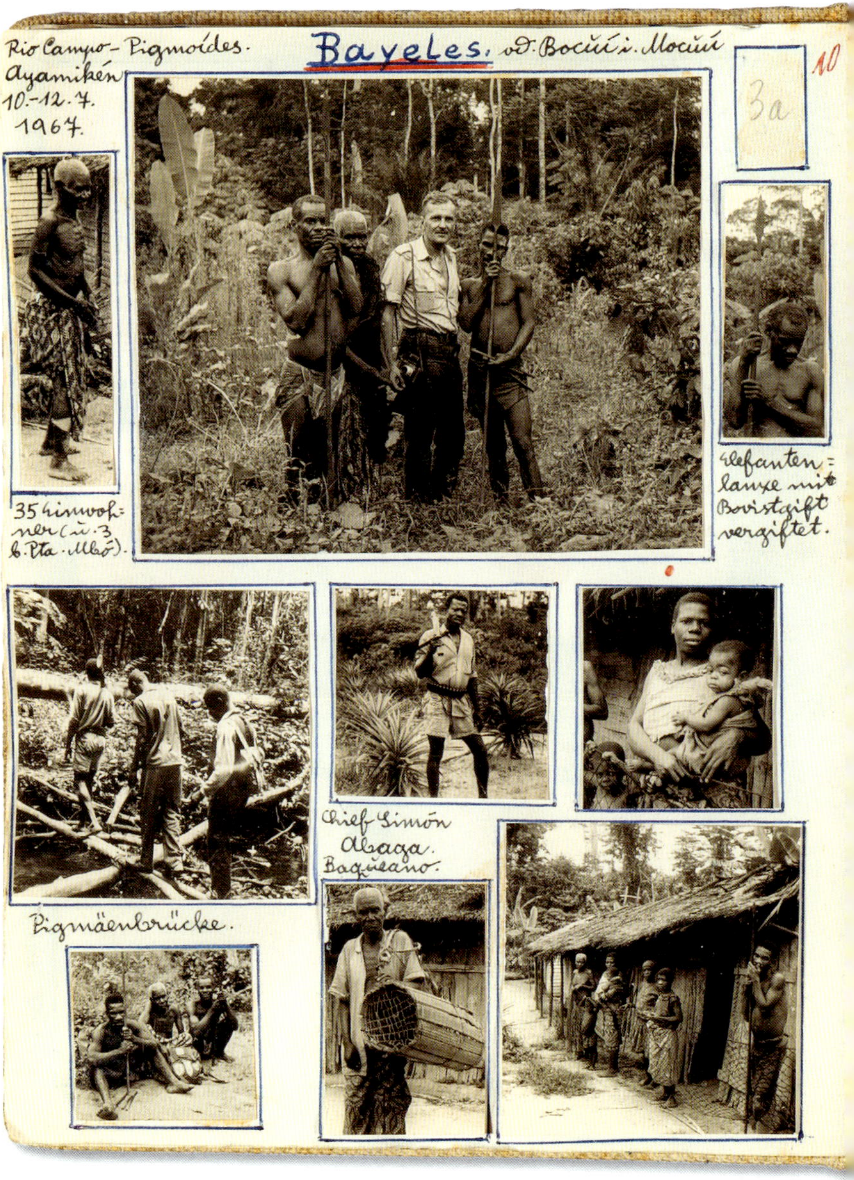

20. Álbum 12. Viajes alrededor del mundo y Venezuela (1967-1969)

11

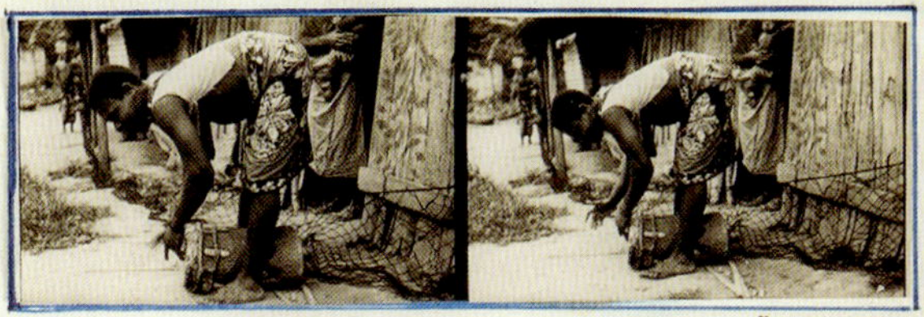

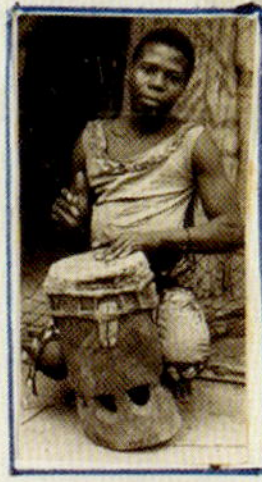

„Nsan"-Tanz mit „Ngomo"-Trommel

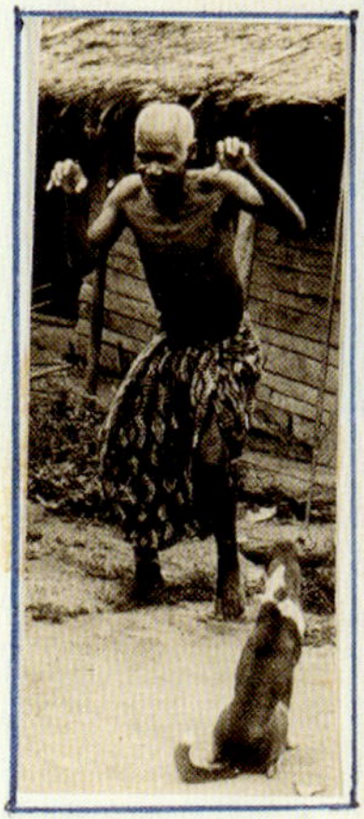

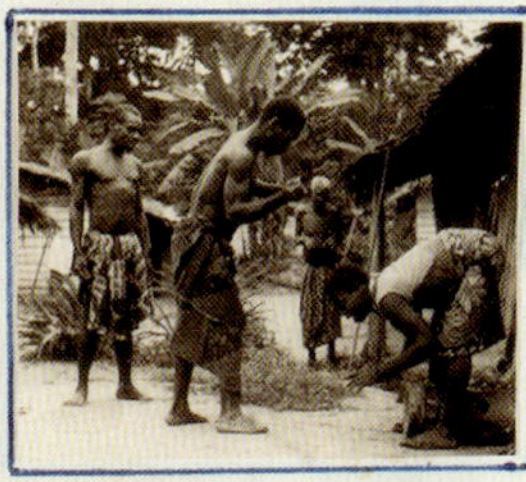

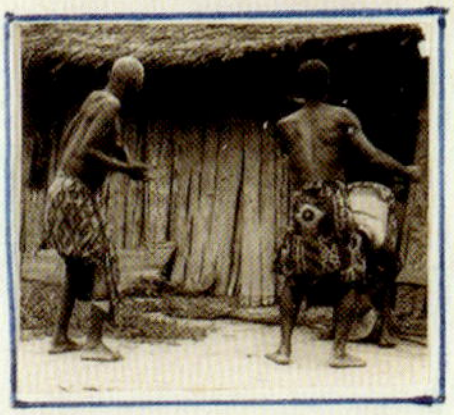

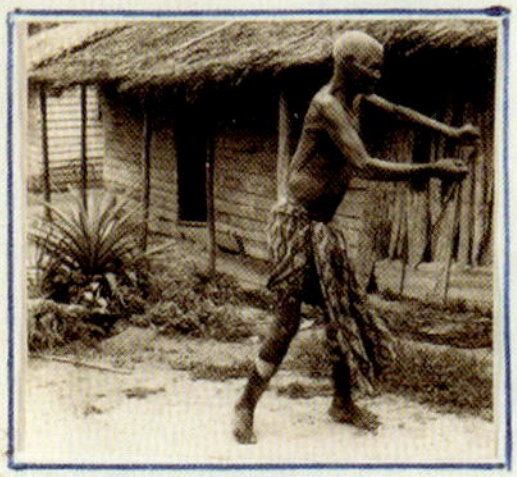

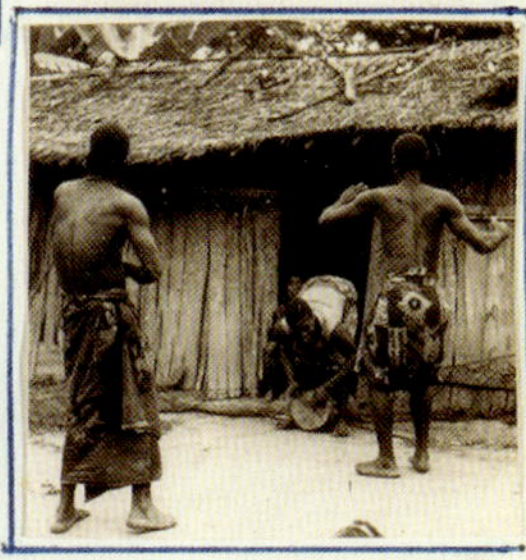

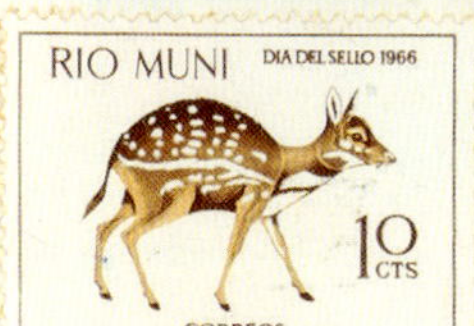

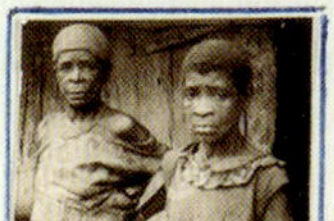

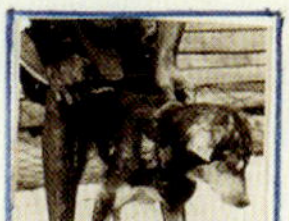

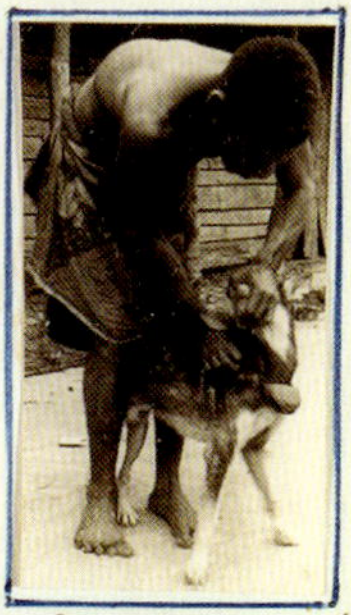

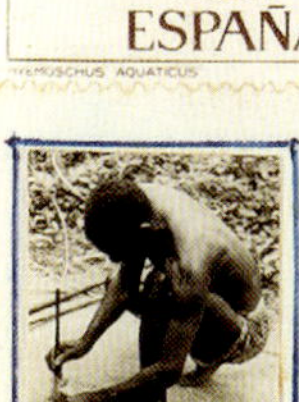

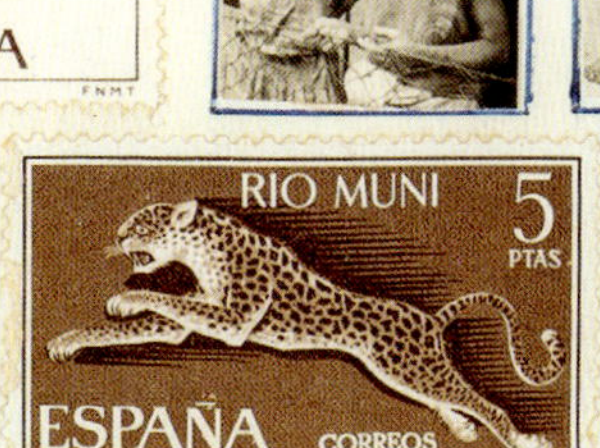

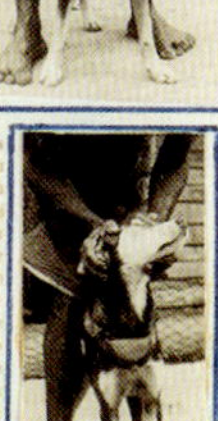

"Timbre de perro" – agong

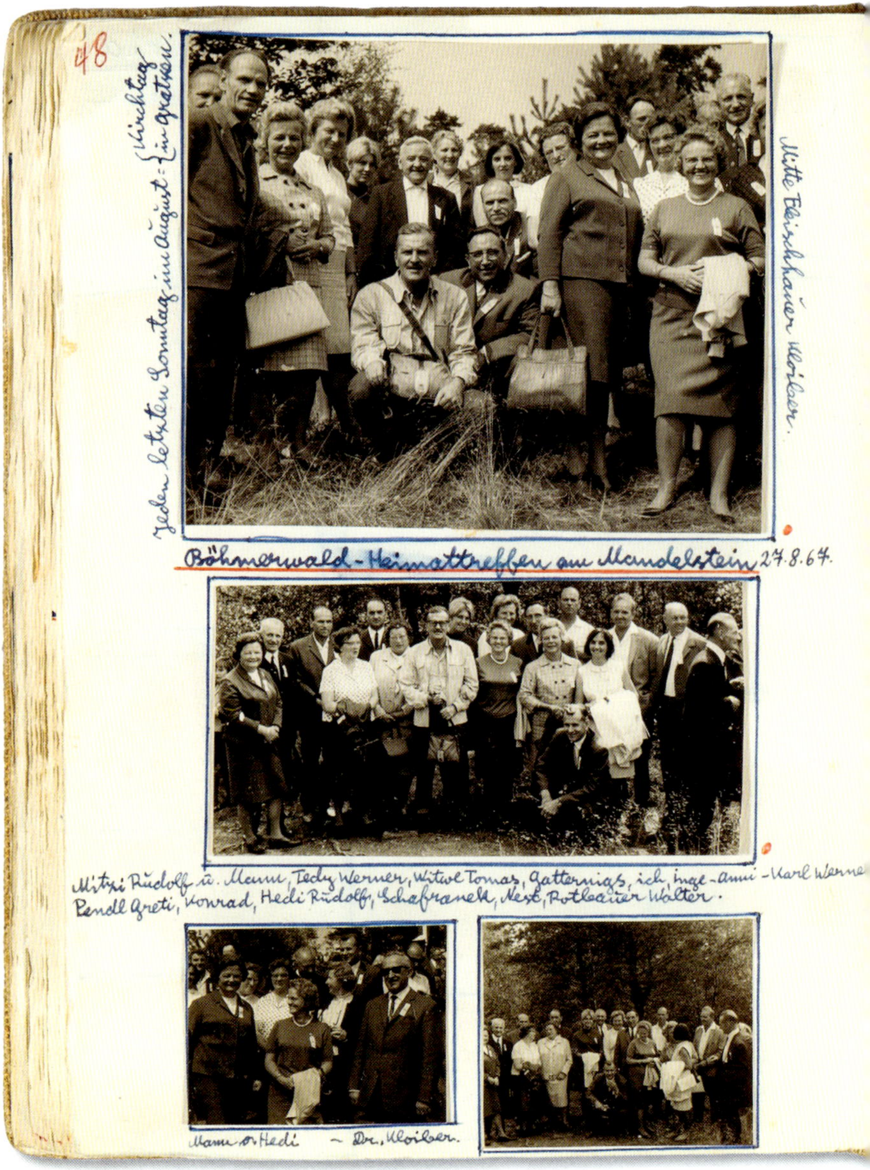

21. Álbum 12. Viajes alrededor del mundo y Venezuela (1967-1969)

49

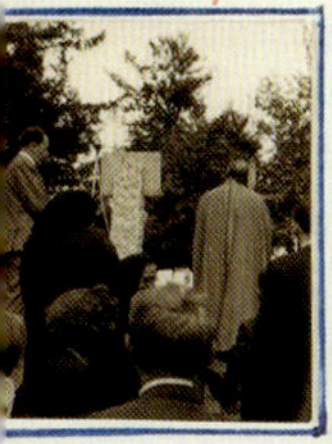

Feldmesse

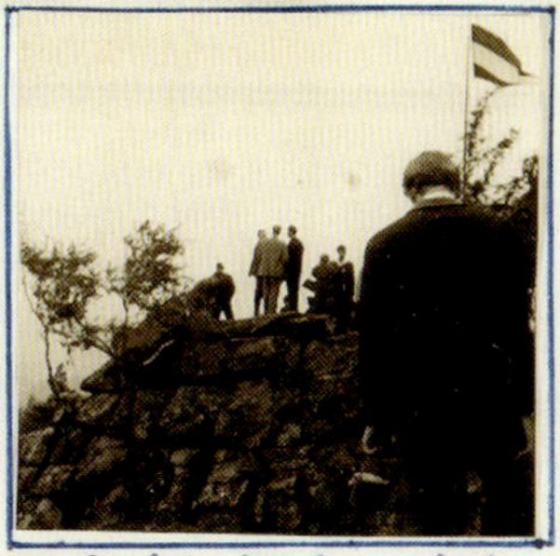

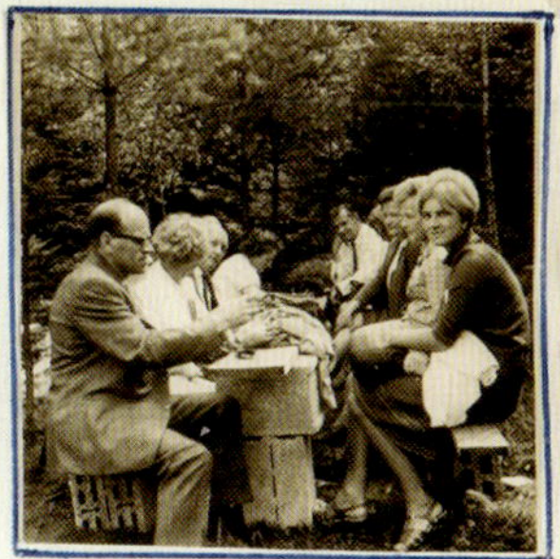

Am Gipfel = Blick nach der verlorenen Heimat!!

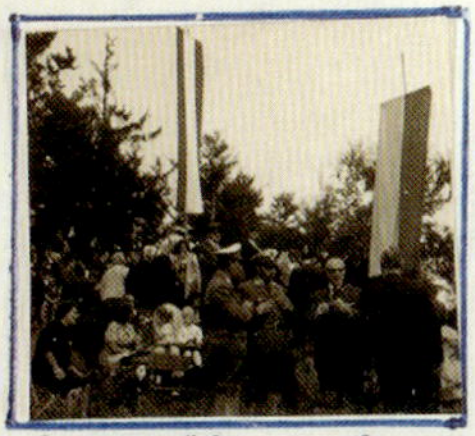

Grenznähe = Polz.

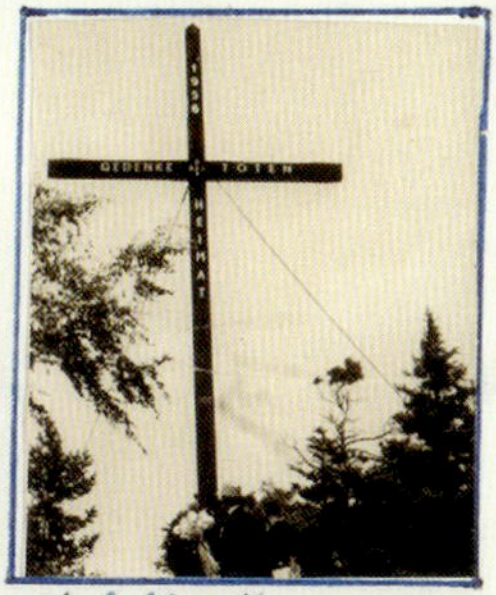

Gipfelkreuz

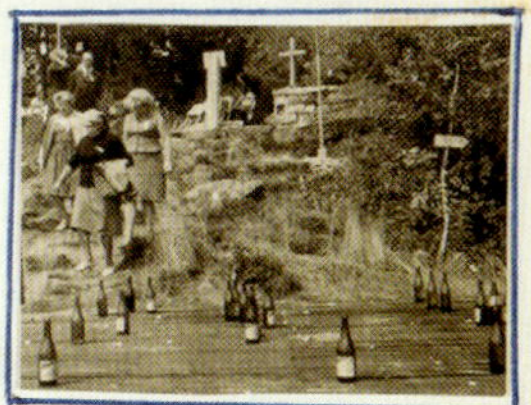

"Durst"

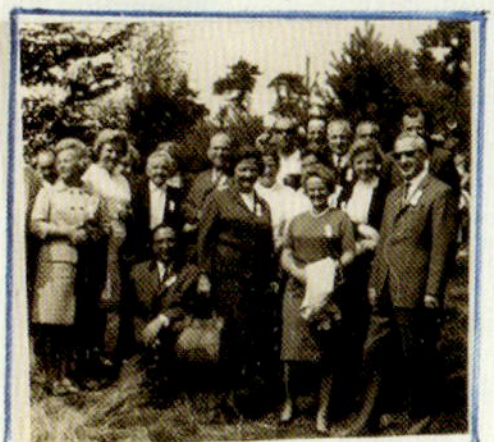

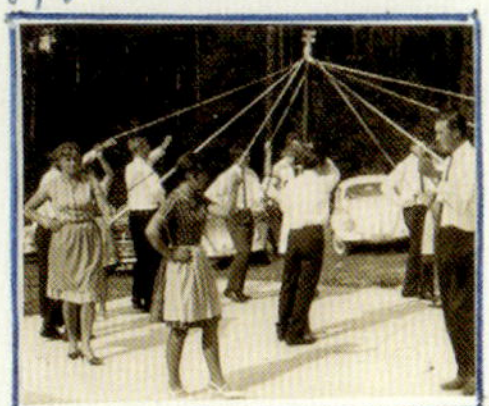

Volkstänze.

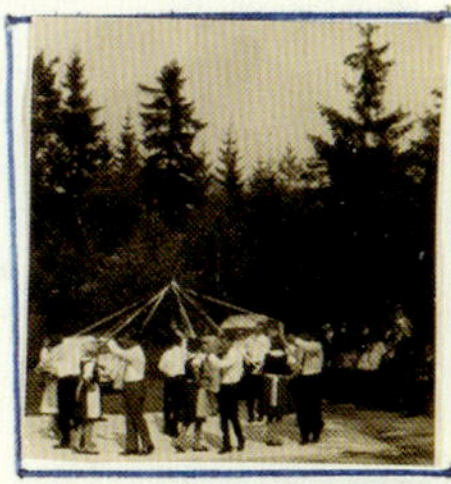

Bändertanz.

Vor Dr. Kloiber = Tochter v. Fleischer Kloiber.

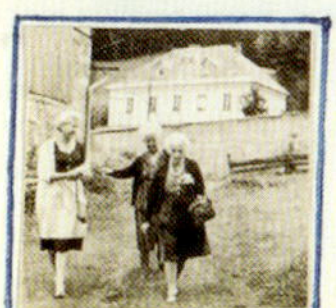

Maria Brabetz
13.8.67.

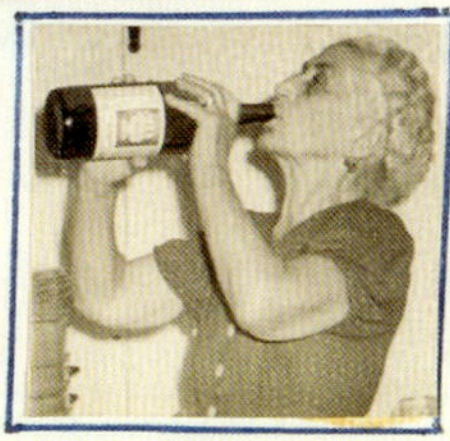

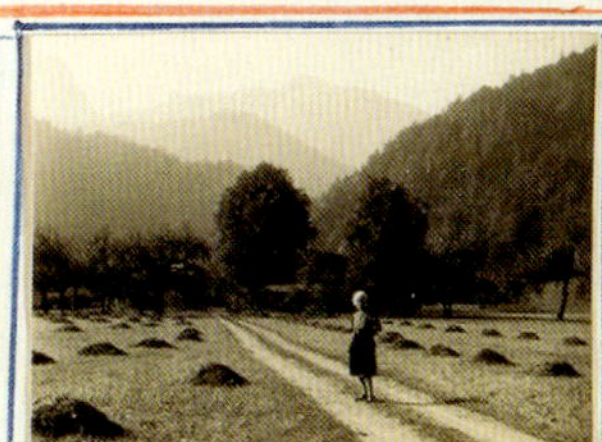

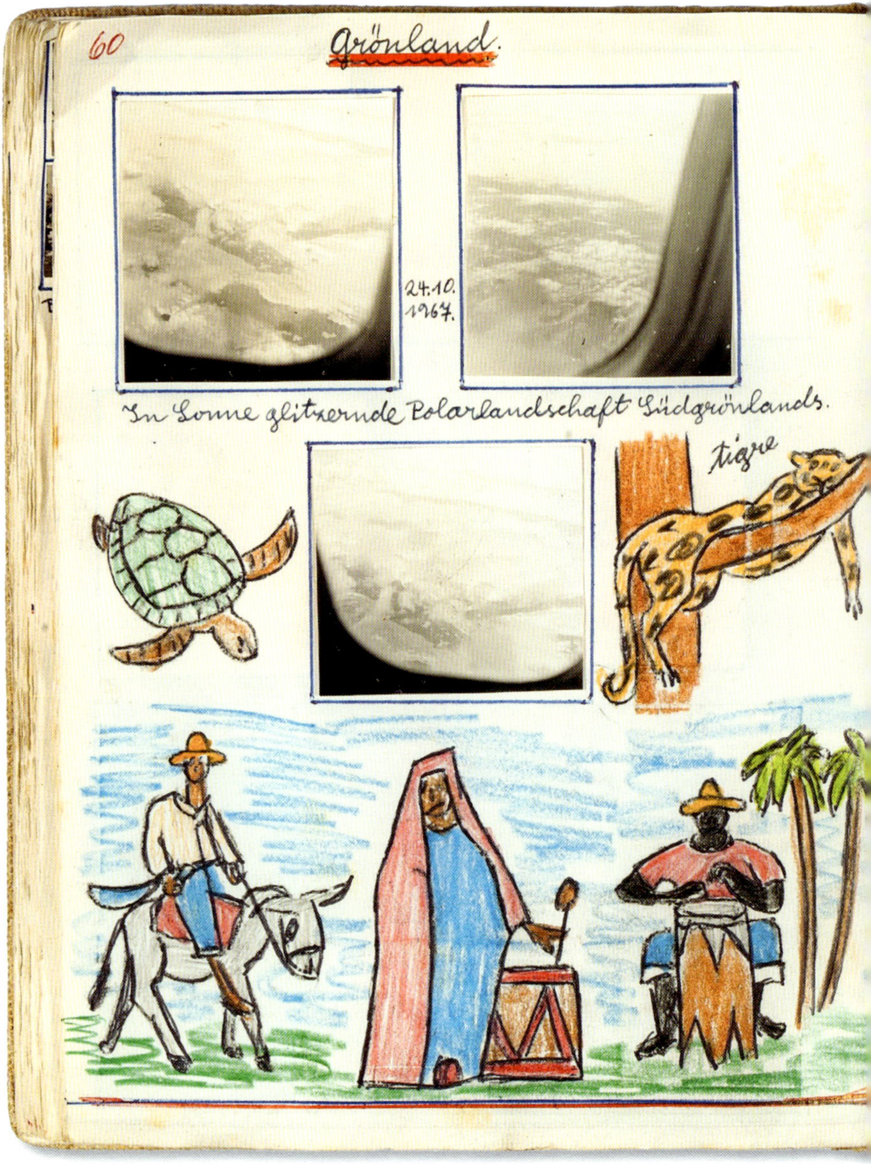

22. Álbum 12. Viajes alrededor del mundo y Venezuela (1967-1969)

400 Años de Caracas

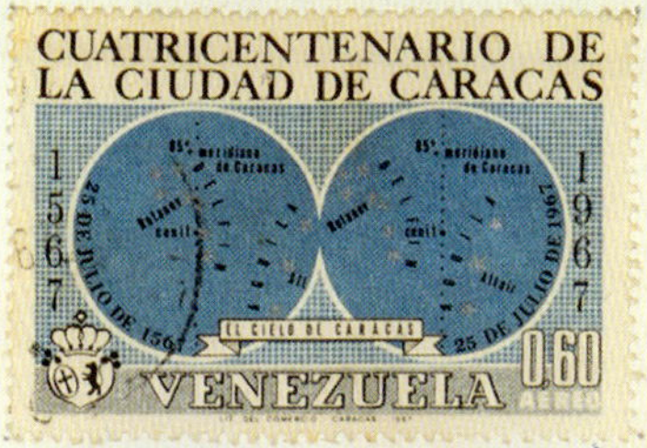

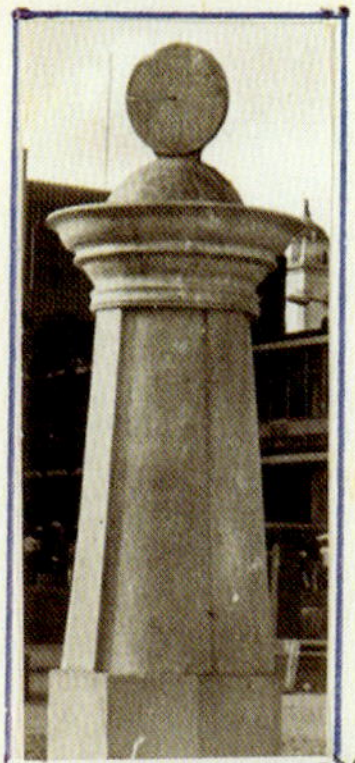

"Reloj de Piedra" alte Sonnenuhr".

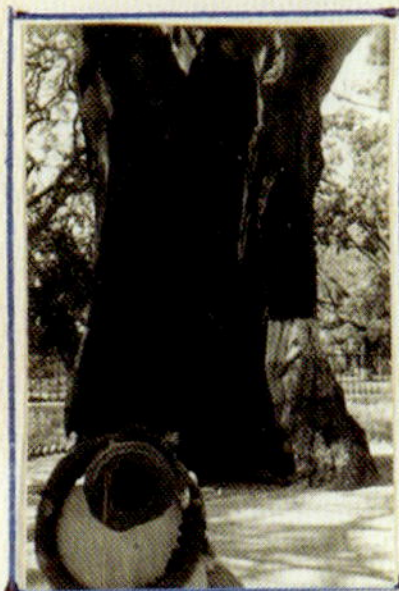

Samán de güere mit Abflussrohr

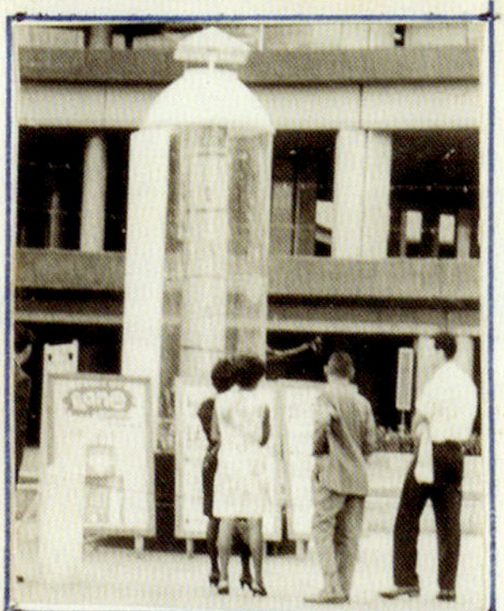

Vela 400tenaria – se apagó ya la 1a semana.

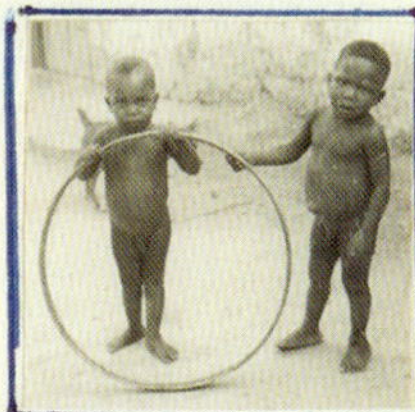

"Hijos del rancho"

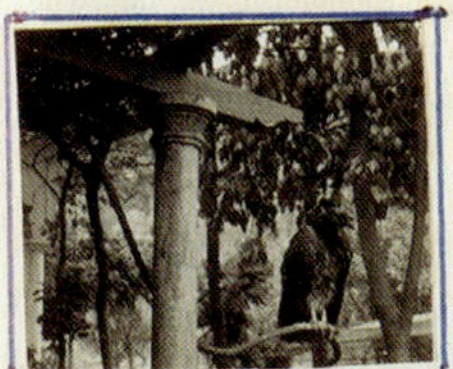

Aasgeier

La Prensa: hoy | ayer

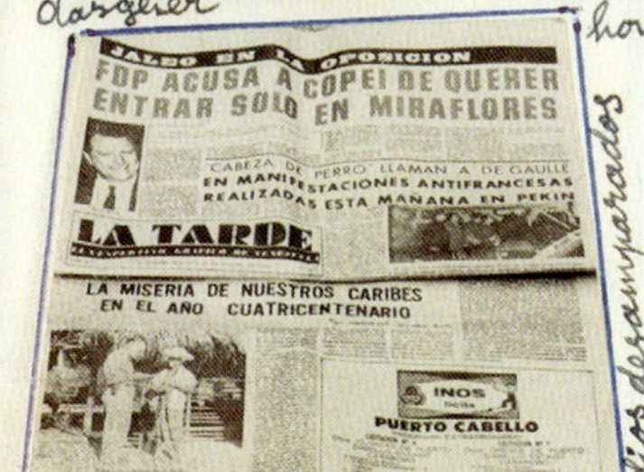

Indios desamparados

esclavos prófugos

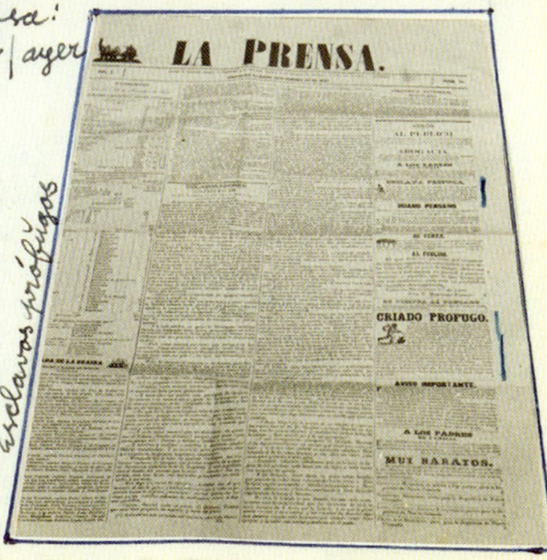

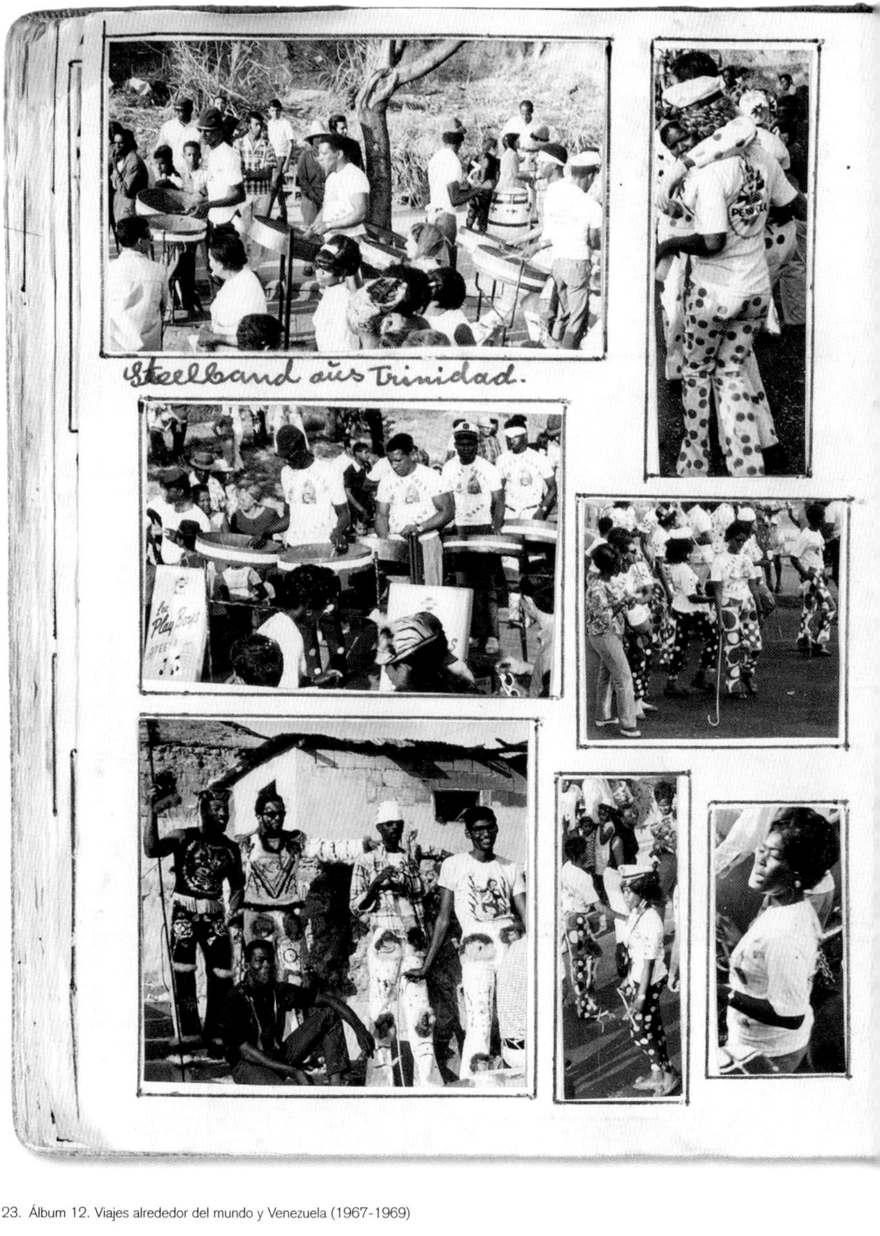

23. Álbum 12. Viajes alrededor del mundo y Venezuela (1967-1969)

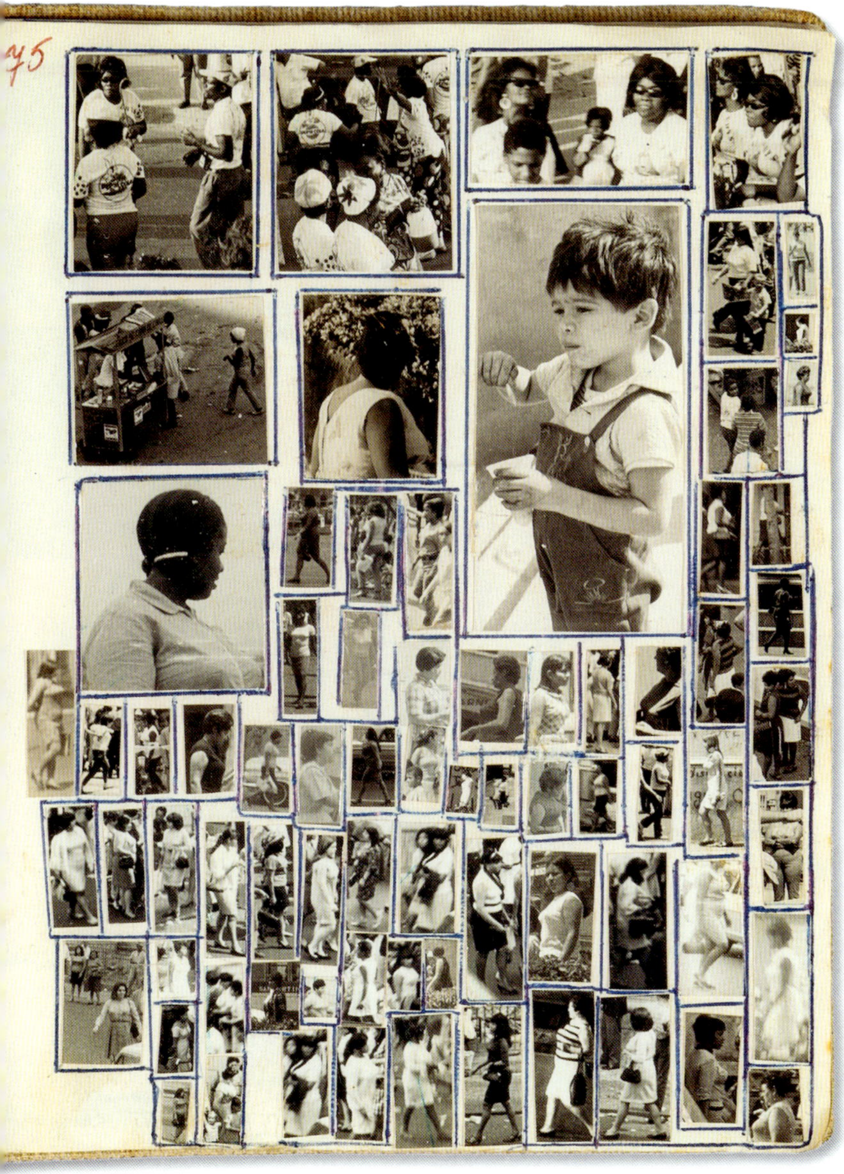
75

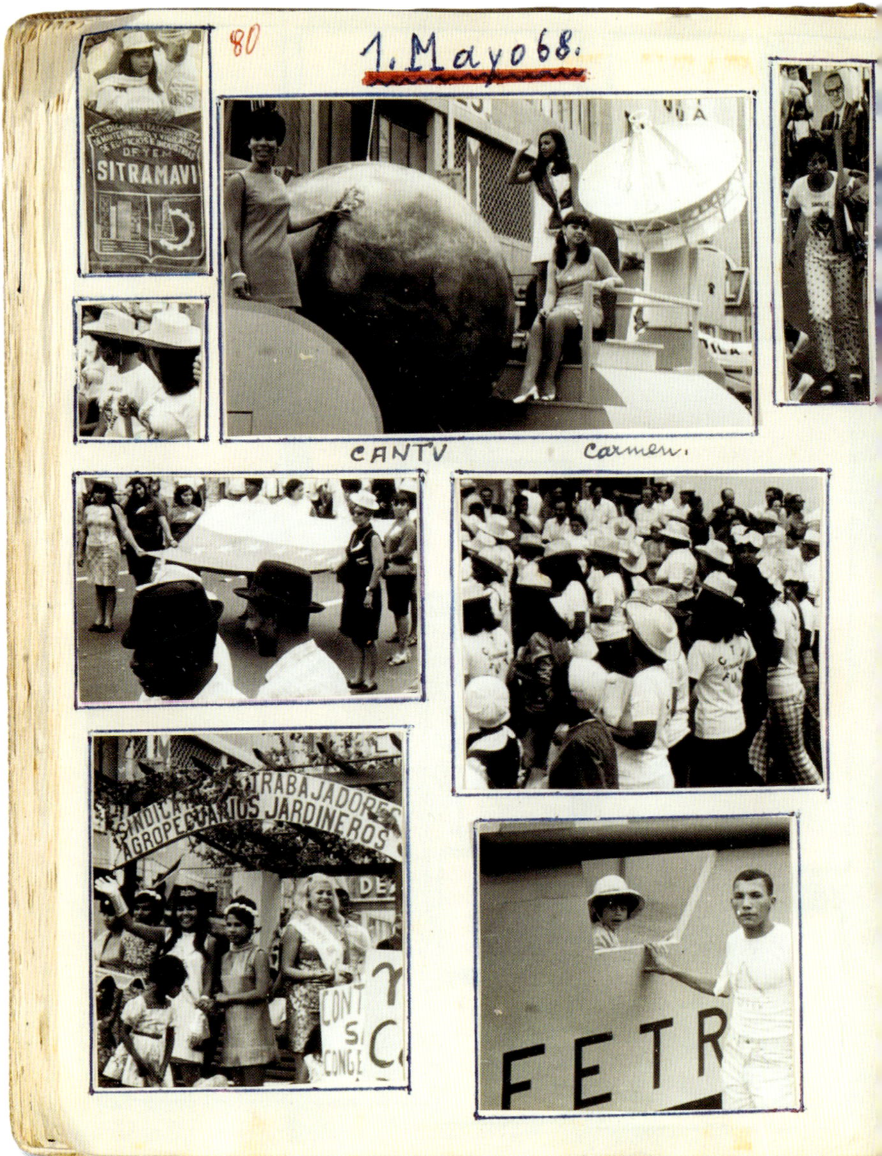

24. Álbum 12. Viajes alrededor del mundo y Venezuela (1967-1969)

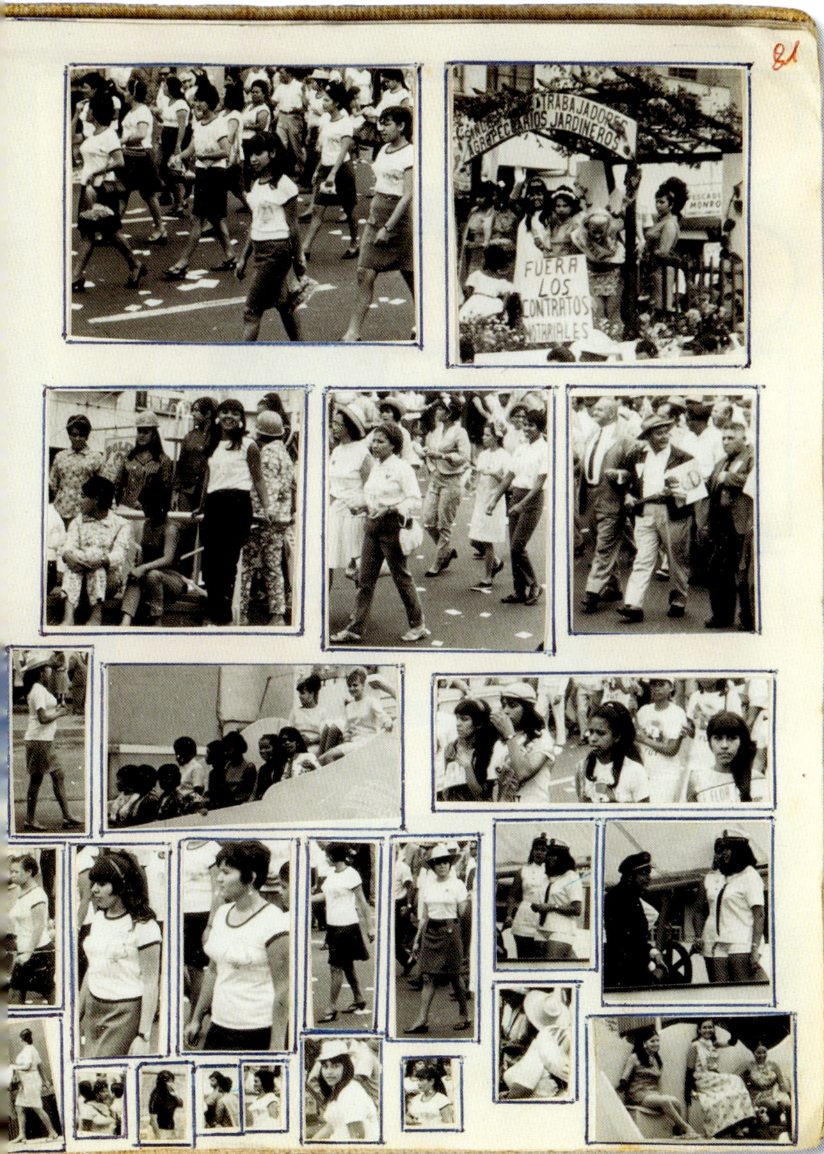
81
TRABAJADORES
JARDINEROS
FUERA
LOS
CONTRATOS

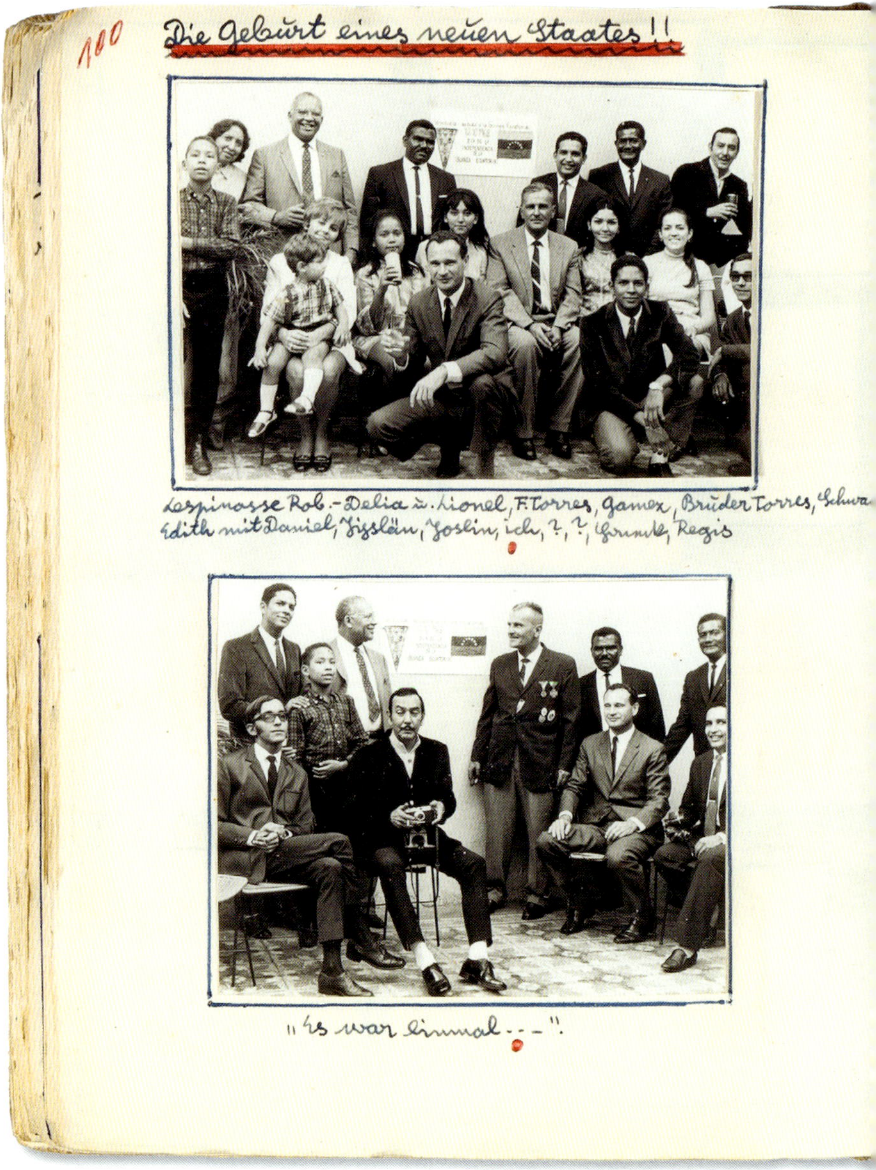

25. Álbum 12. Viajes alrededor del mundo y Venezuela (1967-1969)

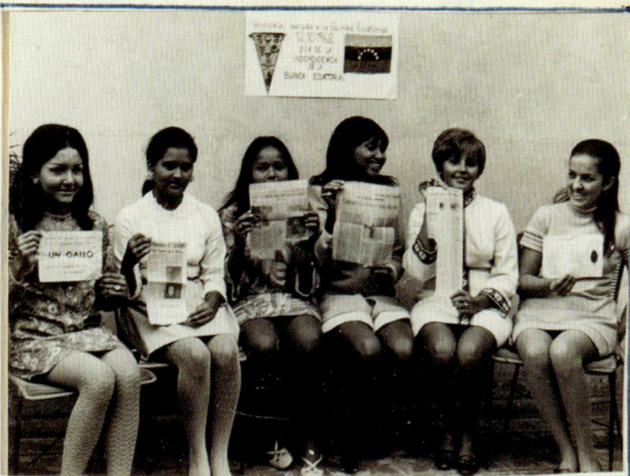

"Venezuela saluda a la güinea Ecuatorial"!
12.-10.-68.

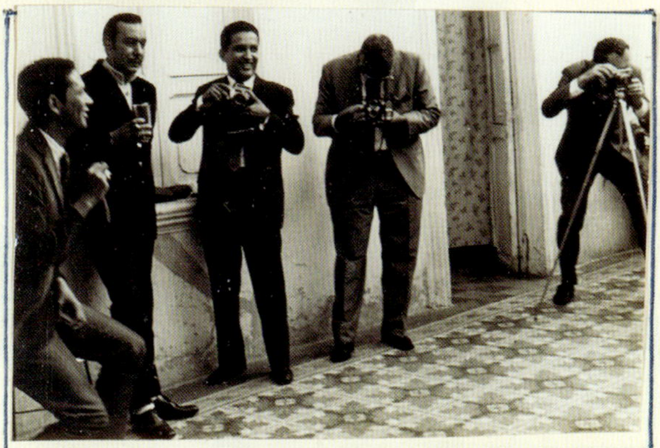

Fotografen

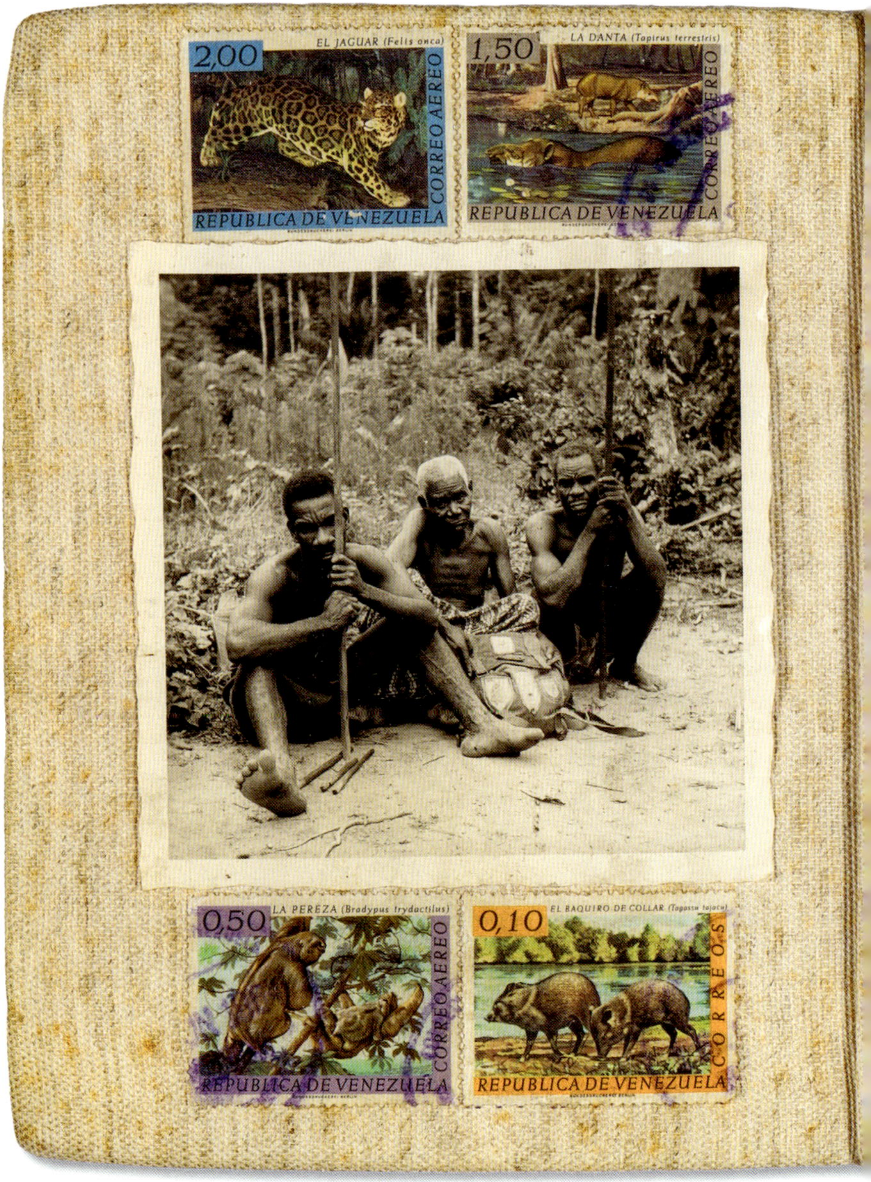

26. Álbum 12. Viajes alrededor del mundo y Venezuela (1967-1969)

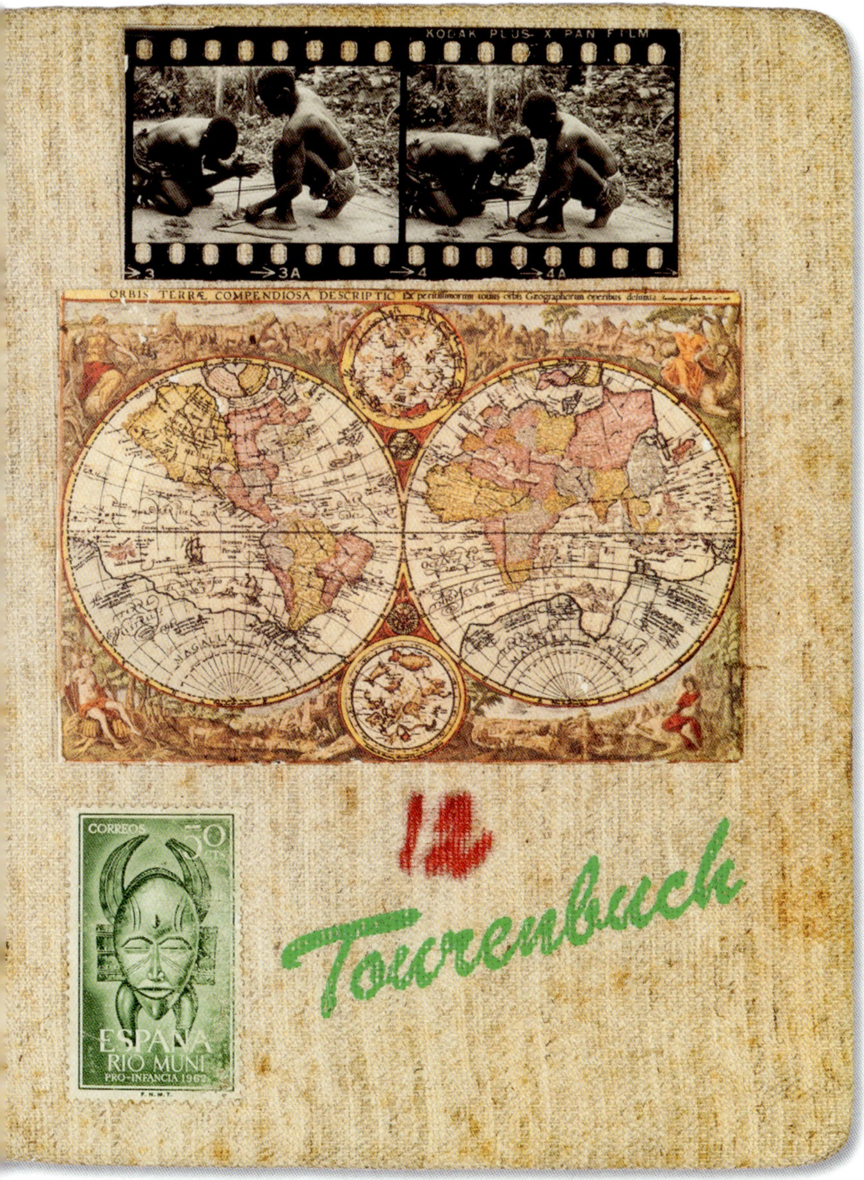
KODAK PLUS-X PAN FILM
3
3A
4
4A
ORBIS TERRÆ COMPENDIOSA DESCRIPTIC
CORREOS
50 CTS
ESPAÑA
RIO MUNI
PRO-INFANCIA 1962
Tourenbuch

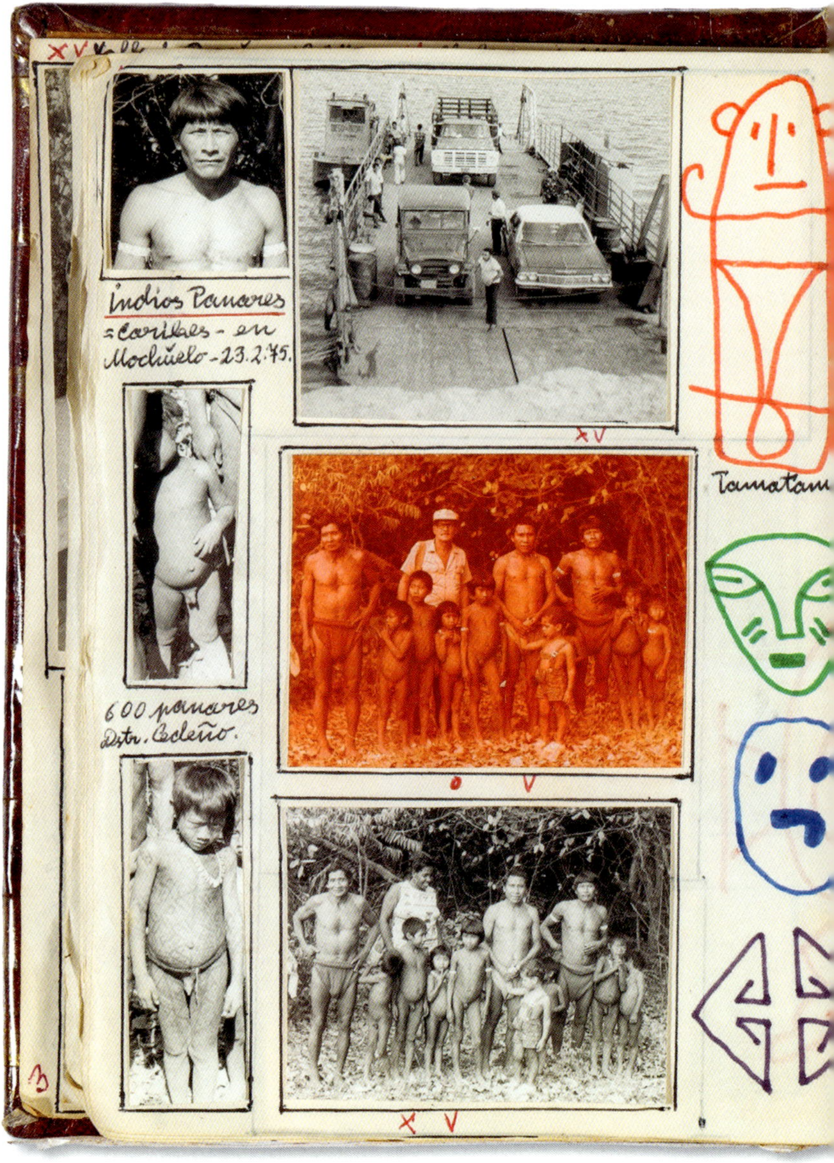

27. Álbum 20. Viajes a Venezuela (1975-1976). Tribus Panare

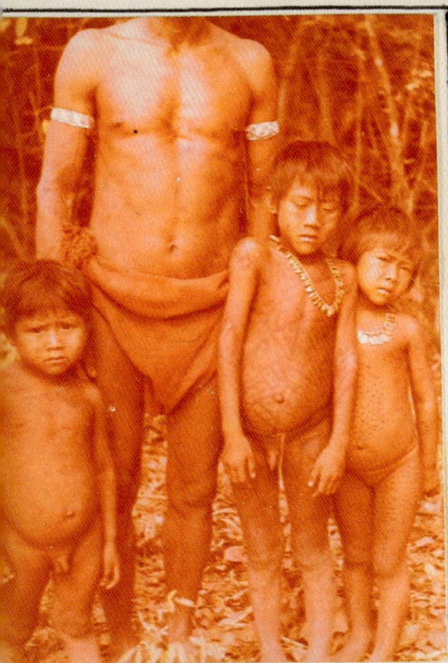

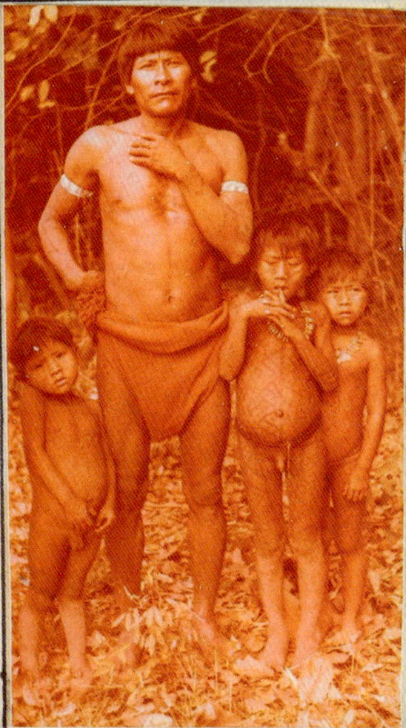

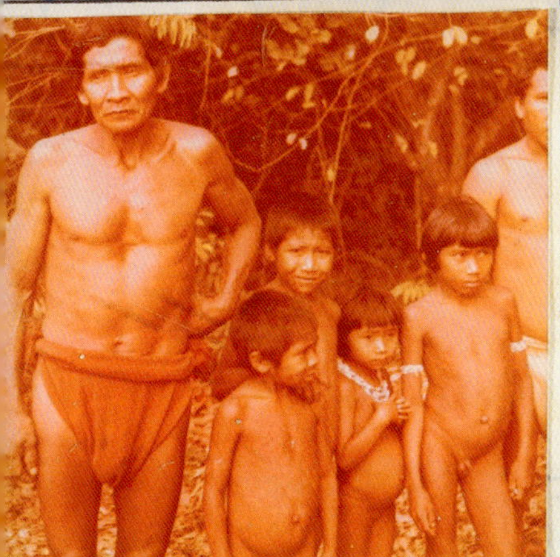

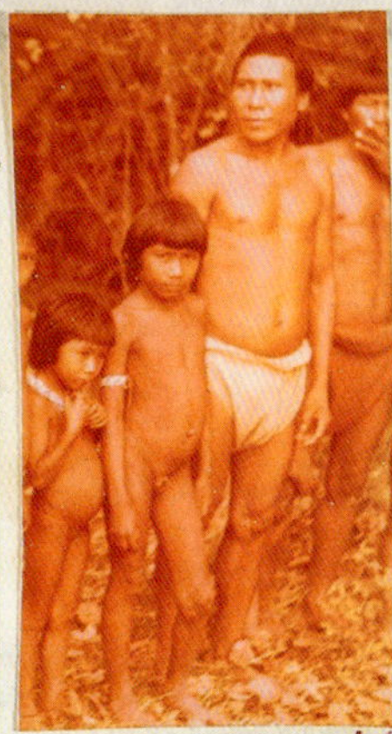

Guayucos y cuerpo pintados de onoto

14

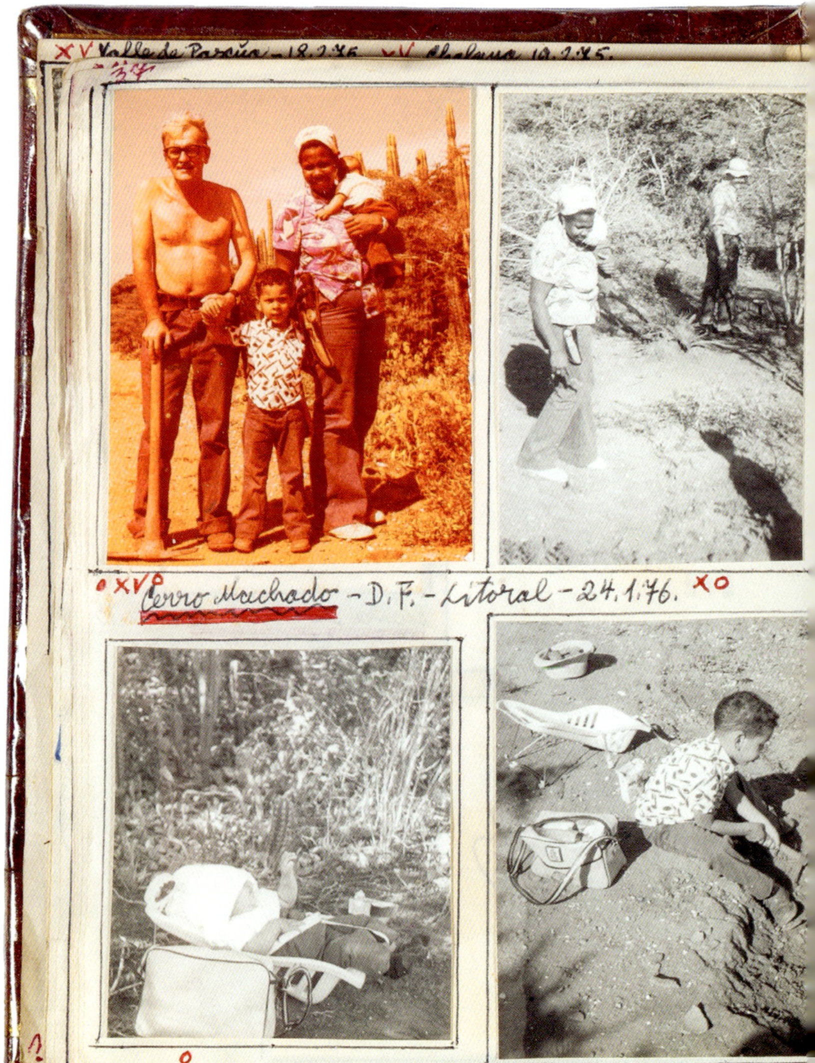

28. Álbum 20. Viajes a Venezuela (1975-1976)

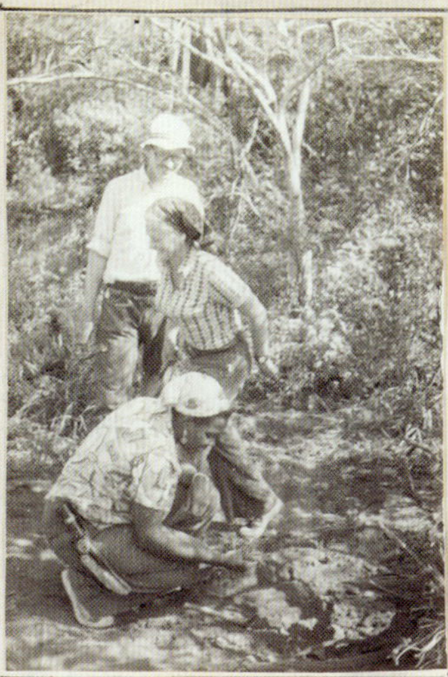

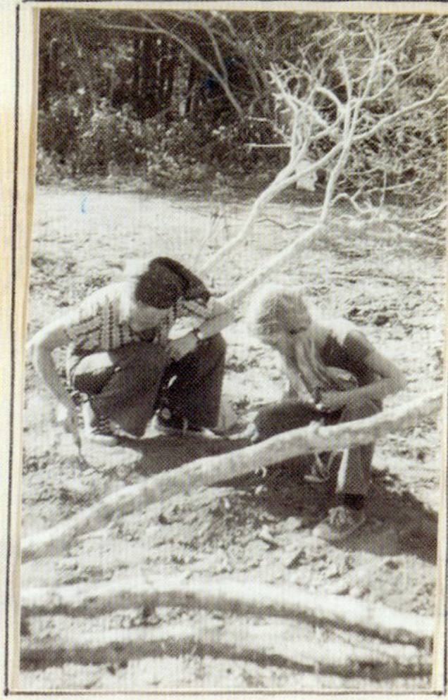

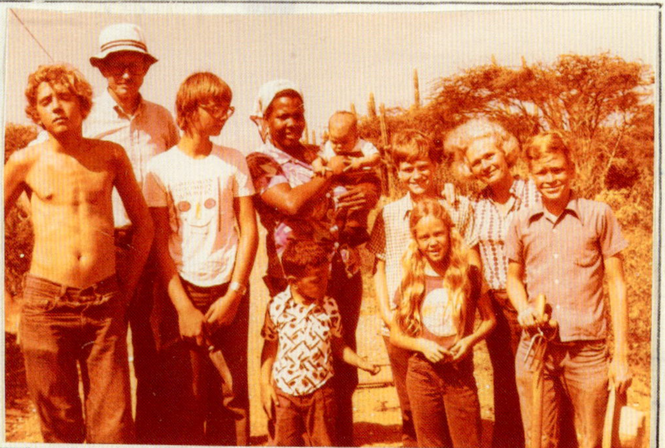

Fam. Von Schuckmann.

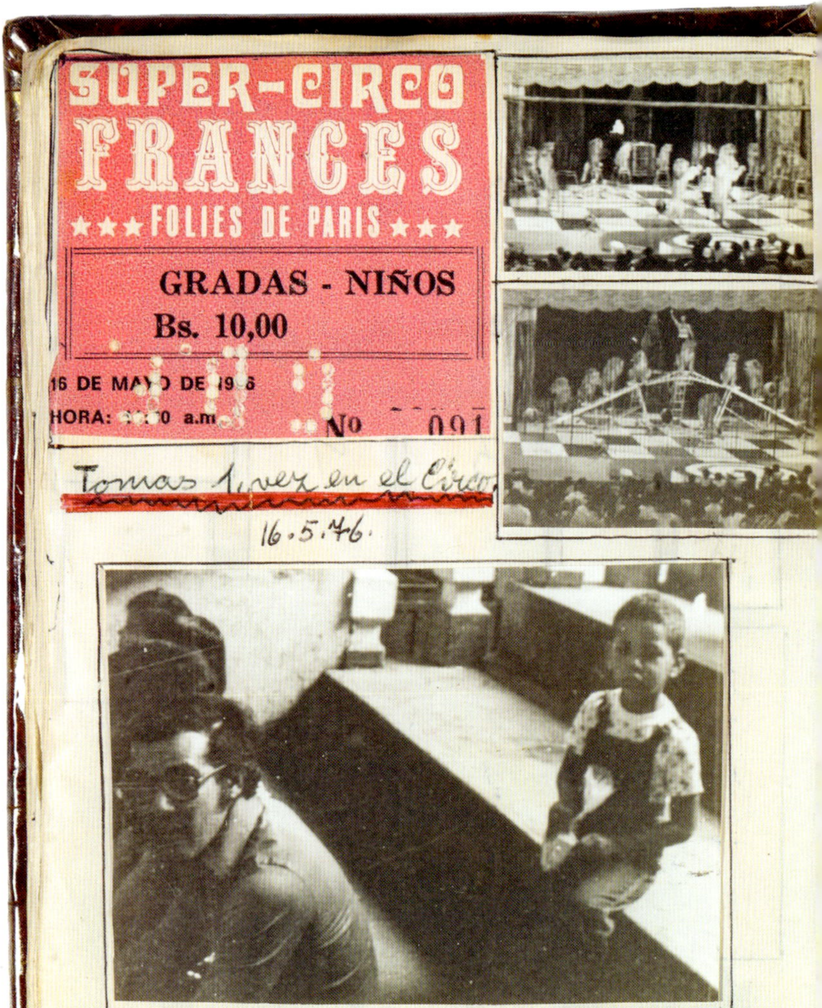

29. Álbum 20. Viajes a Venezuela (1975-1976)

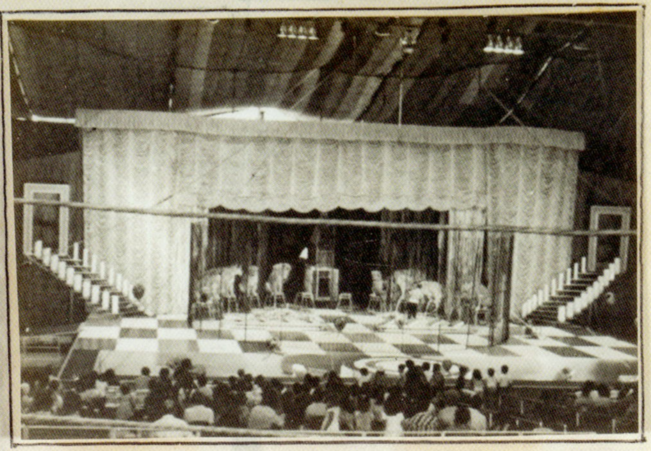

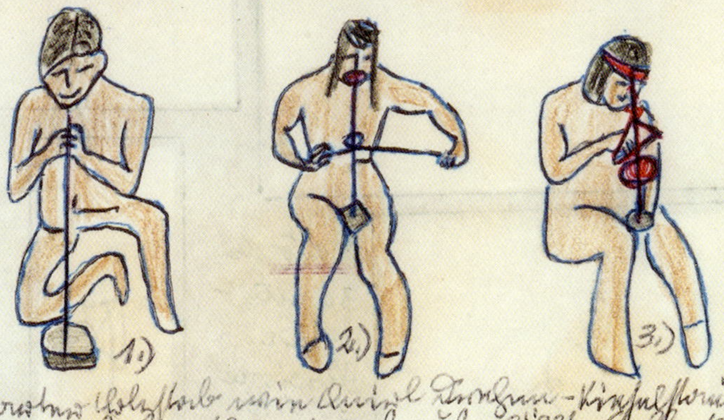

harten Holzstab wie Quirl drehen – Kieselstaub
dazuschütten – schon [illegible] ausgehöhlte Stellen suchen
Durch Schnurwinden drehen – Mund Druckstein etc.
Stab durch Steinkugeln u. Holzgriff à la Drillbohrer

<u>hacer hueco en piedra.</u>

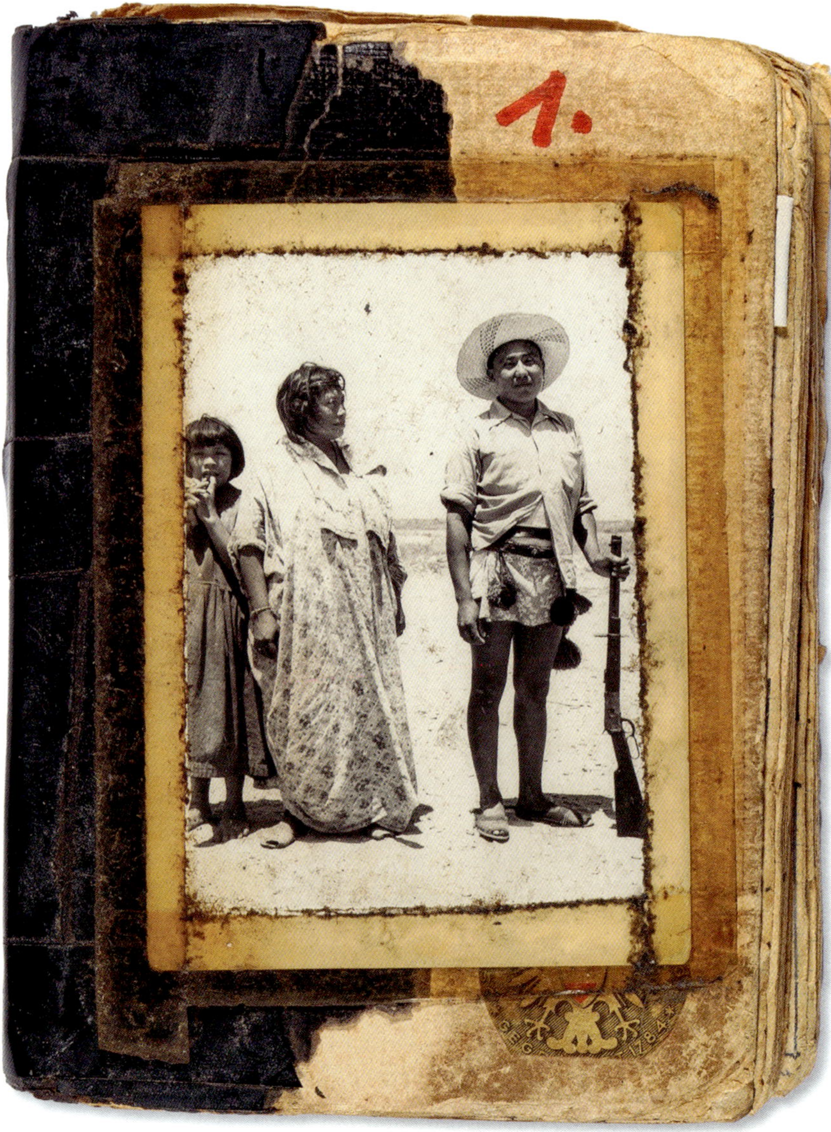

30. Álbum 1 (portada). Viajes alrededor del mundo y Venezuela (1946-1956)

Cronología

Por Lucía Jiménez

1922 Nace el 31 de marzo en Gratzen/Nové Hrady, Checoslovaquia. Su familia era de la minoría étnica alemana en Bohemia, por lo que crece en un entorno predominantemente germanoparlante.

1935 Aficionado a las novelas de viajes y aventuras, decide por primera vez emprender una, escapando de su casa con el objetivo de unirse al ejército etíope que combatía la invasión italiana. Es rápidamente encontrado por las autoridades y devuelto a sus padres.
Cursa el bachillerato como interno en el Gymnasium de Budweis (en checo, České Budějovice).

1938 Checoslovaquia es ocupada por las fuerzas alemanas. La parte de Bohemia donde vivía es anexada al Tercer Reich.
En ese momento ya es aficionado a las filmaciones. Graba con una cámara de 8½ y fotografía la entrada de las tropas alemanas a Checoslovaquia.

1940 A los dieciocho años se alista en la Wehrmacht (las Fuerzas Armadas alemanas) y participa en la Segunda Guerra Mundial. Forma parte de una unidad alpina como radiotelegrafista y traductor gracias a su dominio de los idiomas alemán, checo, croata, ruso e inglés.

1941-45 Participa en la invasión a la URSS. Toda la guerra llevó consigo una cámara 8½. Presencia y filma la captura del hijo de Stalin.
Uno de los hechos que marcó su vida fue la batalla de Stalingrado. Destruida su unidad en aquella contienda, es de los pocos que sobreviven porque resulta herido y es evacuado de la ciudad antes de que fuera cercada. Pasa el resto de la guerra en Yugoslavia.
Cae herido al menos tres veces, salvándose casi milagrosamente de la muerte. En una ocasión sale ileso de un vehículo que estalló al pisar una mina. Incluso arriesgó la vida escuchando las emisiones de *Austria Libre*, que transmitía la BBC. Otra vez ayudó a un judío a escapar de un pueblo capturado por el ejército alemán.

1945 Terminada la guerra, los Decretos de Beneš disponen la expulsión de la minoría alemana de Checoslovaquia, lo que le obliga a emigrar con sus padres a Austria, con la que ya tenía estrechos lazos familiares, y se establece en Estiria.
Trabaja como enfermero con las tropas de ocupación soviéticas y después como intérprete de las tropas de ocupación inglesas.

1946 En enero, las fuerzas de ocupación lo incorporan a la Gendarmería (policía rural y de fronteras) con el grado de teniente. Su misión fundamental es combatir el mercado negro. Aborrece el trabajo de policía y decide «escapar» tan pronto como pueda.

Para el mes de septiembre ya se ha unido al Circo Conrad como cuidador de animales, especialmente de elefantes. Fue una de las experiencias que siempre recordó con mayor cariño. Comienza a recorrer Europa.

1947 Trata de entrar en Suiza. Es detenido y enviado a un campo de detención de inmigrantes ilegales, casi todos rusos blancos (anticomunistas). Finalmente, es deportado a Austria.

1948 Se le concede la nacionalidad austriaca.

1949-52 Sigue recorriendo Europa y finalmente llega a Italia, donde vive y trabaja en diversos lugares. En 1950 presencia la declaración del Año Santo en Roma y el fin de la rebelión del bandolero Salvatore Giuliano en Sicilia.

Decide irse de Europa, en parte por la devastación del continente, y en parte por cumplir su viejo sueño de conocer el mundo. Aprovechando su experiencia castrense, se ofrece como instructor militar al Gobierno de Egipto, que declina la propuesta. Recibe una oferta de trabajo de Venezuela, pero apenas había oído hablar del país. En el Gymnasium había aprendido algo sobre Simón Bolívar, y no habla español. Lo que lee inicialmente para informarse sobre el país no le llama especialmente la atención, pero era la mejor opción que tenía. Zarpa en el vapor Amerigo Vespucci, convencido de que será una estancia breve y de que pronto partirá a otra parte.

1952 Llega a Venezuela. La oferta de empleo en las Fuerzas Armadas no se concreta, por lo que decide recorrer el país, haciendo diversos trabajos, sobre todo como obrero de construcción y en algunas fábricas.

1954 La Gobernación del estado Apure lo nombra enfermero de la medicatura rural de El Yagual. Como había hecho con las tropas de ocupación soviética en Austria, empleará su formación en primeros auxilios como soldado para desempeñar el cargo.

1955 Se establece en Maracaibo, Venezuela. Comienza a trabajar en Siemens como traductor durante los trabajos de cableado de la ciudad.

El 13 de octubre publica el primer artículo del que tengamos registro: «Als santitäer in Südamerika» (Como paramédico en Sudamérica) en el

Südosttagenpost, sobre su trabajo como enfermero en El Yagual. El *Südosttagenpost* era un periódico de Estiria vinculado al Partido Popular (demócrata-cristiano) de este estado austriaco, que cerró en 1987.
La siguiente semana publica un segundo artículo en el mismo periódico sobre la Colonia Tovar: «Vergessenes Deutsches Urwaldorf» (Los olvidados alemanes de la selva).
En noviembre publica su tercer artículo, «Die Teufelstänzer von Yare (Los diablos danzantes de Yare) en el diario *Der Ennstaler*, también de Estiria.

1956 Visita La Guajira, zona que se encuentra en los aledaños de la Sierra de Perijá (río Aponcito), en el estado Zulia (al noroeste de Venezuela), y en la frontera colombo-venezolana.
Realiza retratos, especialmente de las mujeres wayuu.
Inicia su investigación, que luego se publicaría con el título *Ocho años entre yukpas y japrerías*. Durante ese tiempo retrata de manera sistemática a esta comunidad indígena.
Completa su primer álbum de viajes, que incluye fotografías desde 1946 con los viajes por Italia, las islas Canarias, las islas del Caribe, Curazao y Jamaica, y de su primer viaje a Venezuela.

1957 Continúa viajando por diferentes comunidades entre la Sierra de Perijá, la península de La Guajira y Maracaibo.
Retrata las tradiciones wayuu, especialmente la fiesta y danza Chichamaya.
Comienza a trabajar para la Compañía Anónima Nacional Teléfonos de Venezuela (CANTV).

1958 Viaja a Colombia a través de la península de La Guajira y conoce Santa Marta, Cartagena y Barranquilla.

1959 Viaja a Ecuador. Visita comunidades originarias de la cordillera andina: los quechuas, los colorados —«los últimos incas», como los denomina— y los jíbaros.
Comienza una campaña periodística en el diario *Panorama* (de Maracaibo) a favor de los derechos de los indígenas. Publicará 22 artículos en este periódico, entre junio de 1958 y marzo de 1961.

1960 Viaja a Surinam. Visita comunidades arawak y de los entonces llamados *bush-nigger* o *bush-negroes*. La experiencia le deja una honda impresión.
Viaja a la Guayana Francesa y la Guayana británica.

Vuelve a visitar a los yukpas en La Guajira.
Se hace miembro de la Sección de Espeleología de la Sociedad Venezolana de Ciencias Naturales (SE-SVCN).

1961 Continúa sus visitas a la comunidad yukpa en la Sierra de Perijá y la península de La Guajira.
Apoya un pequeño alzamiento indígena y es secuestrado —se sospecha— por su participación. Una vez más, escapa de forma casi milagrosa de la muerte, al convencer a los sicarios de que se han equivocado de persona. Lo dejan ir.
El secuestro marca su partida de Maracaibo. Se muda a Caracas, donde continúa trabajando para la CANTV hasta su jubilación en 1977.
Publica en mayo su primer artículo netamente histórico, «Cómo nacieron los sindicatos», que aparece en *Comunicado CANTV*, un periódico de circulación interna. Siempre mantuvo una relación cercana con el movimiento sindical de la telefónica.

1962 Continúa sus investigaciones, ahora en el centro de Venezuela, en torno a dos nuevos ejes: la arqueología y la espeleología.

1964 Sigue trabajando en el registro fotográfico de la ciudad de Maracaibo y la península de La Guajira.
Publica su primer trabajo académico, «La leyenda Bochica demostrada por petroglifos», en el *Boletín de la Sociedad Venezolana de Ciencias Naturales*.

1965 Publica un segundo trabajo académico, «El enigma de los pilones de piedra», en el *Boletín de la Sociedad Venezolana de Ciencias Naturales*.
Tras visitar a su familia en Austria, hace un amplio recorrido entre los continentes de Europa y África.
Registra en sus álbumes fotografías de Portugal, Checoslovaquia, Dakar y Senegal.
Viaja también por Brasil y visita la Feria Mundial de Nueva York de 1964, que inauguró una segunda temporada de abril a octubre de 1965.

1966 Viaja por el centro de Venezuela registrando ruinas y excavaciones, los petroglifos del Picacho en Nirgua y a la población kariña, en el oriente del país.
También hace un registro fotográfico del culto a María Lionza, tradición de gran importancia en Venezuela. Por esta época comienza una colaboración de trabajo con la antropóloga austríaca Angelina Pollak-Eltz.

1967 Viaja a Guinea Ecuatorial y vive un mes en una comunidad pamue para conocer sus costumbres y tradiciones.
Descubre una cueva abierta en un gran afloramiento de granito en la provincia de Kié-Ntem, a la que bautiza como Cueva Caracas en honor del cuarto centenario de la ciudad capital de Venezuela.
Aparecen sus denuncias sobre la violación de los derechos de los indígenas en el informe de Bertrand Russell para la ONU.
Se funda la Sociedad Venezolana de Espeleología (SVE). Straka es uno de sus miembros. Paralelamente, sigue trabajando con la Sección de Espeleología de la SVCN.

1968 Visita nuevamente y registra Los diablos danzantes de Yare —declarados Patrimonio Cultural Intangible de la Humanidad por la Unesco en 2012— y la parranda de San Pedro.

1970 Se casa con María Luisa Medina, venezolana de Barlovento, con la cual tuvo dos hijos, Tomás Straka, reconocido historiador venezolano, y Úrsula Straka, abogada especializada en derechos humanos.
Viaja a Austria y a Perú.
En Venezuela se desplaza hasta al río Orinoco, en el estado Bolívar, y posteriormente visita la Colonia Tovar, en el estado Aragua.
Descubre las primeras pinturas rupestres conocidas al norte del Orinoco en Los Corozos, en la Cueva de la Virgen, Camatagua, estado Aragua. El hecho es publicado en el *Anuario del Instituto de Antropología e Historia*, UCV (tomo VII-VIII, 1970-1971, p. 831).

1971 Junto a Eugenio de Bellard Pietri, destacado espeleólogo venezolano, realiza varias visitas a las fortificaciones coloniales de La Guaira y las registra fotográficamente.

1972 Publica «The Eargliph of Chirgua, Venezuela», en la revista académica *Review of Ethnology* (vol. 3/16), del Institut für Volkkunde der Universität Wien (Viena).

1975 Publica «Los petroglifos de Venezuela», su artículo más importante, en el *Boletín de la Sociedad Venezolana de Ciencias Naturales* (tomo 31, n.° 130-131).

1977 Es nombrado miembro de la National Geographic Society.

Se une al Grupo Gaspar Marcano, fundado por el poeta Alí Lameda y otros intelectuales, dedicado a la arqueología.

1978 En una expedición a los cerros al sur de La Guaira, acompañado por su hijo pequeño, Tomás, halla las ruinas de una fortificación no citada en los reportajes realizados sobre los castillos de la zona: el Fuerte San Rafael o El Palomo.

1979 Organiza una nueva expedición al Fuerte San Rafael o El Palomo junto a De Bellard Pietri y los espeleólogos Ramón y Néstor Hernández, y Pedro Pérez Ramírez.

Comienza a escribir como columnista en las revistas *Cábala*, de la Cadena Capriles, y *Mecánica Nacional*. Se mantendrá en ambas hasta su muerte.

1980 Publica *Ocho años entre yukpas y japrerías* con la editorial de la Presidencia de la República de Venezuela durante el mandato de Luis Herrera Campíns. Reúne sus viajes y registros a las comunidades indígenas de la Sierra de Perijá.

1987 Muere el 17 de marzo en Caracas, Venezuela.

2015 El archivo de Hellmuth Straka —negativos, diarios de viajes, cuadernos, correspondencia y documentos de identificación—, de importante valor histórico, es adquirido por el Archivo Fotografía Urbana en Venezuela.

Album of life

Horacio Fernández

Hellmuth Straka (Czechoslovakia, 1922-Venezuela, 1987) reached Caracas in 1952. Almost half of his thirty years had been horrid. Just like the rest of his generation, those born in around 1920, he was unable to escape the total war. As if that were not enough, he also lost his nationality in the post-war ethnic cleansing. Yet he was also lucky: even if he had worn the uniform of the losers, he survived.

After 1945, Straka barely eked out an existence in a Central Europe in ruins, divided by increasingly iron-clad borders. He held a variety of unsteady jobs as a photographer, nurse, interpreter, police officer, circus trainer and illegal emigrant. He ultimately managed to leave Europe behind and reached Venezuela, even though he was unable to become a military advisor, which was his intention. His misfortune ended when he found a steady job thanks to his ease with languages. As soon as he had attained stability, he began to travel from Maracaibo, the city where he lived, to the mountains on the border with Colombia, where the Yukpa and Wayuu communities live.

These trips gradually became the focus of his life. On them, he took notes in field notebooks which he later used to write the story of his experiences and adventures. In 1980, he published that story with the title *Ocho años entre yukpas y japrerías*. 'Its intention is to spark a bit of understanding of our Indian brothers, at least in some minds', Hellmuth Straka wrote. 'The Indian doesn't want much, only to be left alone to live in peace on the last little patch of land he still has, after 500 years of abuse', he concluded.

Everything that Hellmuth Straka knew he learned from the people he encountered, whom he surprised with his polyglot skills. From the very beginning, he earned respect by asking questions, and by whistling, an art he mastered. Given that everything was new for him, he asked about everything, like 'a helpful confessor'. So much curiosity sparked mistrust, which he eluded by explaining that he was a 'meek Spaniard, not an evil white man'.

He took notes with his cameras, paper and pencil so that nothing got past him, regardless of whether or not he understood it. Understanding takes time. 'Now I know', he wrote in his book, 'that the scratches that can sometimes be seen a metre up on the tree bark were made by a tiger to sharpen its claws. I know that white paint on girls' faces means that they have recently had their initiation party'. Curiosity was important but not sufficient. The photos he took and the notes he wrote were the foundation of a new project, the creation of albums that he filled with photographs, drawings and handwritten notes. He ultimately made many of them, the twenty-seven albums that have remained in his descendants' hands until they were found and studied by a tenacious researcher, the photographer Vasco Szinetar, who has managed to get them, along with negatives, travel journals, notebooks, correspondence and other documents, to join the Archivo Fotografía Urbana collections since 2015. It includes hundreds of pages and thousands of photographs, a small sample of which is presented in this book, a mere foretaste of what could be done.

Hellmuth Straka's albums resemble non-academic forms of creation, like *naif* painting or *art brut*. On one two-page spread there is a map on one side and a shield on the other, both drawn with coloured pencils. On the map, which points to places and ethnic groups, there are silhouetted clipped black-and-white photographs: oil derricks, beer, hat, obelisk, Wahiro and Choza, in addition to a dark-skinned woman and Straka on horseback. On the other page, around the shield there are clipped photographs of fishermen and Wahiros, a photographer, a police officer, the same dark-skinned woman as before and a landscape with cactuses and more oil derricks.

The outcome is a collage that seeks to synthesise general ideas with drawings and photographs, some of them informative and others personal. The hodgepodge of photos is not exactly professional, but these possible shortcomings become strengths when we assess what the whole says about the author and his particular version of a territory. The order is not conventional; only he would be able to explain it. Even though oil derricks, the most characteristic image of the state of Zulia, the province of Maracaibo, are there, everything else is the unique, affective space of a person, the author's favourite peoples and landscapes.

Hellmuth Straka often appears in the albums' photographs. He is a sturdy man with light hair and a trimmed moustache who is often wearing military shirts, although he also likes prints. He seems likeable and is often portrayed with people, especially women, who appear in many photographs. Milagros Socorro has pointed out the beauty of some photographs of Wayuu women who paint their faces and are wearing long head-to-toe garments called *mantas*.

There are pages in the albums where Hellmuth Straka shows dozens of women, almost all of them full-body images, clipped from more general photos. One example is a festive parade with drum and trumpet music that he photographed in Trinidad. The picture covers two pages like a zoom-in image, from general to particular, a mosaic of clipped females, filling the margins to overflowing. It is an analytical exercise, pure *horror vacui*, repeated other times, like in the pages devoted to the 1 May festival, where he also goes from general photos to an explosion of close-ups. The author uses his images to individualise the mass. By identifying the trees in the forest one by one, he humanises the throngs.

Hellmuth Straka's albums are valuable in themselves, not only because of the photos but also because of the order. Or perhaps the disorder. The most interesting interpretations may be those that examine not only the photos but also the messy assemblages, the *horror vacui*, the schoolboy-like handwriting, the shields and other symbols, the information taken from encyclopaedias and tourism brochures, the repeated themes.

They are comprised of photos, but they go beyond the photographic. They are not reports but more like field notebooks. In any case, since all the photos are documents of a time and a place, they can be interpreted in a political or social vein, especially when we know that at the time Hellmuth Straka was publishing articles in the press to condemn the abuses of the landowners and mining companies, which he repeated in his 1980 book. In a picture from 1955, Straka is next to a woman wearing a *manta*. He seems to be speaking to the camera, as if a documentary were being filmed. 'A woman costs 400 bolivars', the caption reports. It must be a social commentary, just like another page that shows two newspaper pages, an old one and a more recent one. The handwritten caption says 'yesterday fugitive slaves, today vulnerable Indians'.

Above I wrote that Hellmuth Straka's albums go beyond the photographic, which is actually a much broader terrain than what it appears to be. Photographs wear many guises. The best clippings are presented as protected and illuminated as the gemstones on jewellery. The photos in museums and exclusive galleries hang on the walls as if they were expensive paintings. Fine tailoring comes at a price. Another more discreet way to dress a photograph is a magazine, a book or especially a photo book. In publications, photos cease to be autonomous objects and become parts of a whole that may be formally ordered sets, complements of poems or stories resembling films, either with text like in photo novels or without text, among other variations.

In addition to these ways of presenting, publishing, exhibiting or showing photos, there is an entire fairly messy photographic universe, called vernacular photography, which has hardly been studied perhaps for that very reason. It includes framed, retouched or recoloured photographs, photo-sculptures or photographic pins, family portraits and posed snapshots, among other photographic objects found on the pavements of flea markets and in the dens of dealers in second-hand goods, if not directly in the rubbish. They are private photos, almost always anonymous, which only become public when their owners die. One does not try to find them at auctions or in histories of photography, with the exception of Geoffrey Batchen, who has devoted books and exhibitions to this topic.

Vernacular photography is lacking rules and obligatory patterns. Sometimes the photo is nothing more than the raw material of an author who works equally with their own images and others found by chance at flea markets or in publications. Collage is one form but not the only way to work with one's own or others' photographs. Some people work with albums, objects as old as photographic portraits.

Photos, especially portraits, have been painstakingly kept in albums since the 1860s. In his *A Small History of Photography*, Walter Benjamin disdainfully recalls their presence in entryways over a credenza or a stool, as well as the poor taste of their leather covers with metal clasps, sometimes opened to torture guests. He was not wrong. Conventional albums contain people so static they could be dead in boring, repetitive settings with a painted backdrop or a curtain pulled aside, a balustrade or a papier-mâché column resting on a dusty rug.

Albums of this kind are legion, forgotten in the darkest corners of antique shops. But only seldom, very seldom, can such unique, vivid and invaluable photo albums like those of Hellmuth Straka be found.

Horacio Fernández
Albacete, 1954. Historiador de arte, comisario de exposiciones y autor de numerosos libros, entre ellos *Fotografía pública.* 1919-1939 (1999), *El fotolibro latinoamericano* (2011), *Fotos y libros. España 1905-1977* (2014) o *Nueva York en fotolibros* (2016).

Albacete, Spain, 1954. Art historian, exhibition curator and author of numerous books, including *Photography in Print.* 1919–1939 (1999), *The Latin American Photobook* (2011), *Photobooks. Spain 1905–1977* (2014) and *New York in Photobooks* (2016).

PHoto**Bolsillo**

Comisarios / Curators
Horacio Fernández
Vasco Szinetar

Coordinación / Coordination
Miriam Querol
Maurelyn Rangel

Diseño original / Original design
Fernando Gutiérrez

Documentalistas / Documentalists
Anabella Mendoza
Dainnyng Flores

Traducción / Translations
Art in Translation

Producción / Production
Adriana Rodríguez

Preimpresión / Pre-press
Museoteca

Impresión / Printer
Brizzolis

ISBN
978-84-10024-02-1

DL
M-172-2024

ARCHIVO FOTOGRAFÍA URBANA
Caracas, Venezuela

Presidente / President
Diana López

Junta Directiva / Board of Directors
Herman Sinfontes Tovar
Jaime Abello
Horacio Fernández
Tulio Hernández
Óscar Lucien
Luis Enrique Pérez Oramas
Vasco Szinetar

Director Curador / Curator Manager
Vasco Szinetar

Investigador y Curador / Researcher and Curator
Ariel Jiménez

Comunicaciones / Communications
Ricardo Sarco Lira

Conservación / Conservation
Jonathan Velásquez

Documentalistas / Documentalists
Wilmer Castañeda
Dainnyng Flores
Astrid Hernández

Digitalización / Digitization
Alfredo Sainz

Administración / Administration
Gisela Rojas

www.elarchivo.org

LA FABRICA

Fundador / Founder
Alberto Anaut

Director
Óscar Becerra

Director de La Fábrica Editorial / Publishing Director
César Martínez-Useros

Directora Editorial / Editorial Content Manager
Camino Brasa

Director de Distribución / Distribution Manager
Raúl Muñoz

www.lafabrica.com

Una coedición entre / A coedition between

LA FABRICA   museoteca   BRIZZOLIS arte en gráficas   EL ARCHIVO

Biblioteca de Fotógrafos Españoles

Xavier Miserachs
Nicolás Muller
Humberto Rivas
Ricky Dávila
Koldo Chamorro
Francesc Català-Roca
Carlos Pérez Siquier
Luis Pérez-Mínguez
Gabriel Cualladó
Javier Vallhonrat
Miguel Trillo
Pilar Pequeño
César Lucas
Fernando Gordillo
Agustí Centelles
Baylón
Isabel Muñoz
José María Díaz-Maroto
Cristóbal Hara
Antonio Tabernero
Alberto García-Alix
Pablo Genovés
Clemente Bernad
Carlos Serrano
Ramón Masats
Óscar Molina
Cristina García Rodero
Pablo Pérez-Mínguez
Joan Fontcuberta
Navia
Ricard Terré
Fernando Herráez
Oriol Maspons
José Ignacio Lobo Altuna
Xurxo Lobato
Genín Andrada
Valentín Vallhonrat
Vari Caramés
Juan Manuel Díaz Burgos
Ferran Freixa
José Antonio Carrera
Manuel Vilariño
Kim Manresa
Rafael Navarro
Toni Catany
Luis Escobar
Marta Sentís
Chema Madoz
Ciuco Gutiérrez
Alberto Schommer
Ouka Leele
Manel Esclusa
Laura Torrado
Ángel Marcos
Ortiz Echagüe
Francisco Ontañón
Carlos Saura
Alfonso
Juan Manuel Castro Prieto
Pep Bonet
Juantxu Rodríguez
Paco Gómez
Virxilio Vieitez
Gonzalo Juanes
Rosa Muñoz
Leopoldo Pomés
José Ramón Bas
David Jiménez
Leonardo Cantero
Jordi Socías
Colita
Alfredo Cáliz
Gervasio Sánchez
Txema Salvans
Matías Costa
Emilio Morenatti
Pierre Gonnord
Ricardo Cases
Sofía Moro
Joan Tomás
Atín Aya
Rafael Trobat
José Cendón
Luis de las Alas
Chema Conesa
Ragel
Samuel Aranda
Rafael Sanz Lobato
Juana Biarnés
Manuel Outumuro
Cristina de Middel
Carlos Spottorno
Aitor Lara
Miguel Bergasa
Javier Arcenillas
NOPHOTO
Laia Abril
Blank Paper
Ricardo Martín
Eduardo Momeñe
Campúa
Jean Marie del Moral
Lydia Anoz
Victoria Iglesias
Nicolás Ardanaz
Pedro María Irurzun

Biblioteca de Fotógrafos Latinoamericanos

Luis González Palma
Casasola
Marcos López
Cia de Foto
Raúl Cañibano
Alberto Korda
Tito Caula
Alfredo Cortina
Ricardo Jiménez
Barbara Brändli
Paolo Gasparini
Vasco Szinetar
Soledad López
Luis Brito
Hellmuth Straka

Biblioteca de Fotógrafos Africanos

Jean Depara
Samuel Fosso
Mama Casset
Zwelethu Mthethwa

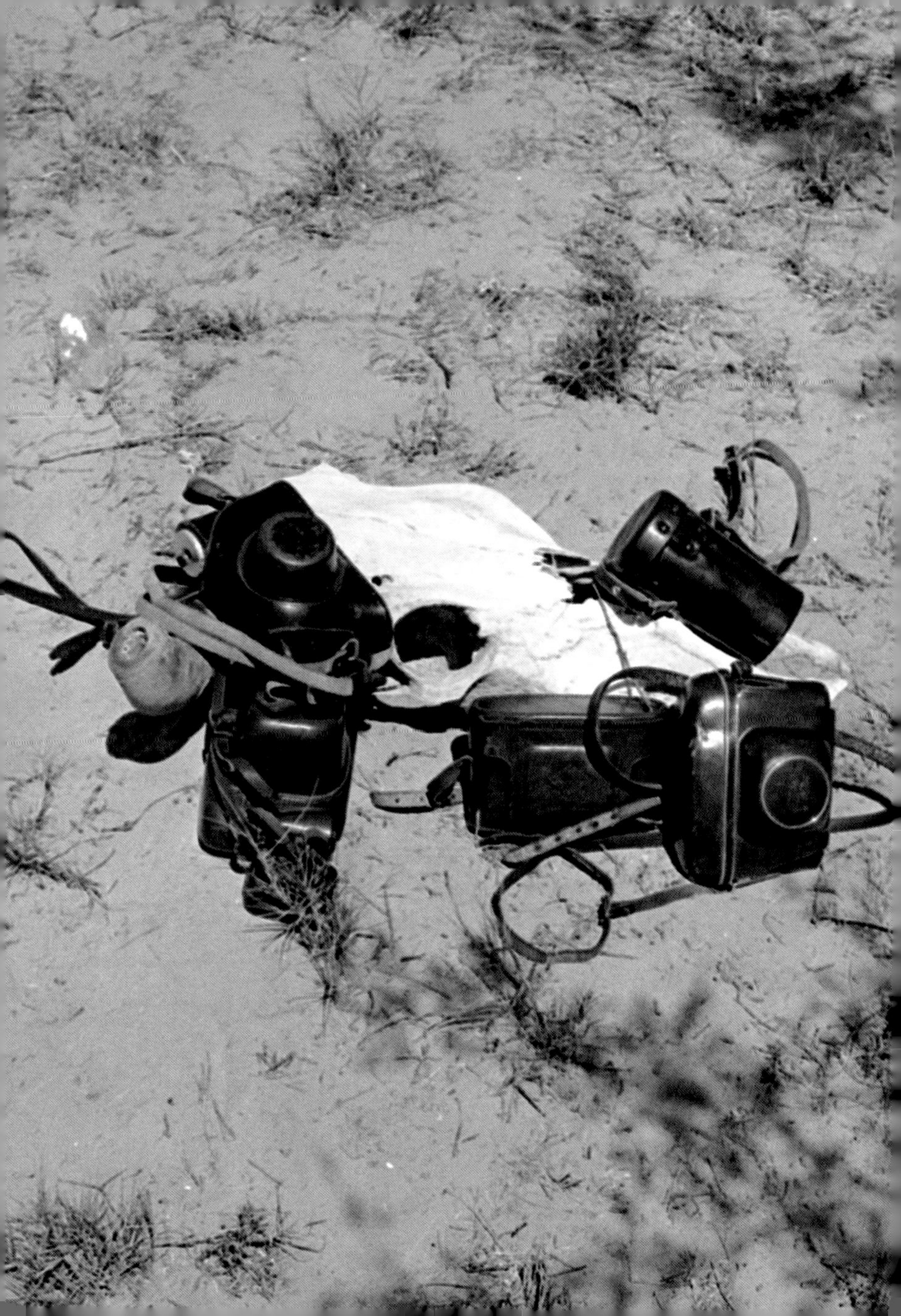